JN440537

96시간

온 가족을 잃고 바다를 표류하며 홀로 보낸
11세 소녀의 낮과 밤

96시간

테리 듀퍼라울트 파스벤더 · 리처드 로건 지음 | 한세정 옮김

21세기북스

차례

소녀는 가장 아름답던 가족 여행 중에

가장 끔찍한 방법으로 고아가 되었고

세상을 포기할 만한 두려움을 겪었으며

죽음의 위기를 맞이했다.

하지만 살아남았고

새로운 가족을 만들었으며

많은 사람들에게 용기를 증언했다.

이 책은 바로 그 소녀, 테리 조의 이야기를

리처드 로건 박사가 정리한 것이다.

1장

항해의 꿈

1961년 11월 13일 월요일, 바하마 해상에 떠 있는 푸에르토리코 소속 주유선 걸프라이온의 망루에 서 있던 선원의 눈에 이상한 광경이 들어왔다. 나무로 만든 작은 구명정이 돛을 접은 채 구명환(life flot, 가운데 그물이 쳐진 타원형 모양의 구명 기구－옮긴이)을 매달고 떠 있었다. 주유선 가까이 다가온 보트에는 한 남자가 타고 있었고, 구명환에는 정체를 알 수 없는 무언가가 실려 있었다.

갑판 위에 있는 선원들이 구조의 손길을 보내자 그 남자가 큰 소리로 외쳤다.

"내 이름은 줄리앙 하비입니다. 블루벨 호의 선장이죠."

그러곤 덧붙였다.

"여기 죽은 아이가 한 명 있어요. 이름은 테리 조 듀퍼라울트인 것 같습니다."

그렇게 해서 블루벨 호와 사라진 듀퍼라울트 가족 다섯 명의 운명이 세상에 처음으로 알려지게 되었다. 얼마 안 있어 구명환에 있던 죽은 아이는 테리 조가 아닌 일곱 살 난 르네로 밝혀졌다. 르네의 언니 테리 조는 며칠 뒤 몇 킬로미터나 떨어진 해상에서 발견되었다. 당시 테리 조는 조그마한 구명환에 의지하고 있었다.

❖❖❖

열대해의 담청색 바다 위를 가족과 함께 항해하는 것은 아서 듀퍼라울트의 오랜 꿈이었다. 아서는 그린베이 출신의 검안의였다. 미시간 호수의 차갑고 푸른 물을 바라보면서 아서는 제2차 세계대전 당시 항해하던 저 먼 남쪽나라의 따뜻한 물을 그리워했고, 사람들에게 항구와 항구, 섬과 섬을 떠돌아다니며 1년 정도 전 세계를 항해하고 싶다고 종종 말했다. 아서는 태평양에서 해군으로 복무하면서 바다를 사랑하는 마음을 키웠다. 전쟁이 끝나고 생업에 종사하면서 가정도 꾸렸지만 그 꿈을 버리지 않았다.

1961년 아서는 꿈을 현실로 만들 수 있을 만큼 성공했다. 가족과 함께 해상여행을 할 수 있을 만한 경제적 여유가 생긴 것이다. 20세기 중반, 중서부 지방 중산층으로서 풍요로운 삶을 누렸지만 아서는 가족에게 더 많은 것을 주고 싶었다. 환상적인 열대 파라다이스의 정경을 말이다!

아서에겐 아내 진 부로시와 열네 살 난 아들 브라이언 그리고 딸 테리 조와 르네가 있었다. 그해, 듀퍼라울트 가족은 혹독한 위스콘신의 겨울을 뒤로하고 남쪽으로 향했다.

❖❖❖

아서는 어디서나 늘 리더 역할을 했다. 1939년, 아서는 그린베이 웨스트 고등학교의 학생 대표였으며 토론대회 우승자였다. 고등학교를 졸업한 아서는 위스콘신 애플턴에 있는 로렌스칼리지에 진학했다.

제2차 세계대전이 한창인 1942년, 아서는 해군에 입대하기 위해 대학을 그만두었다. 키는 175센티미터나 되었지만 몸이 말랐기 때문에 해군에 들어가기 위해서는 체중을 늘려야 했다. 그 덕분에 운동은 평생 습관이 되었다. 그래서 아서는 건강과 좋은 몸매를 유지하기 위해 날마다 근처에 있는 YMCA 회관을 찾아 운동했다.

기본 훈련을 마친 아서는 극동지방 버마로 배치되었고 그곳에서 위생병으로 복무했다. 위스콘신에서 길고 혹독한 겨울을 보냈던 아서는 따뜻한 바다를 사랑하게 되었다. 바다는 물에서 나는 냄새도, 헤엄치는 물고기 종류도 미시간 호와 달랐다. 무엇보다 미시간 호의 수온은 한여름에도 열대의 바다처럼 따뜻하지 않았다. 바다는 호수와는 비교할 수 없이 드넓었다.

아서는 갑판 난간에 기대어 하염없이 먼 수평선을 바라보곤 했다. 한번은 동남아시아에서 동료와 함께 울퉁불퉁한 먼 길을 말을 타거나 걸어 다니면서 말라리아에 걸린 환자들을 치료했다. 또 일본군의 침공으로 격렬한 전투가 벌어진 정글 지역의 부상자들을 돌보았다. 몇 차례 목숨을 잃을 뻔한 아찔한 상황에 처했지만 전쟁의 공포를 눈앞에서 목격하고도 자신을 꿋꿋하게 지켜냈다. 중국 국경지대에서는 중국의 지도자 장제스를 만난 적도 있다.

극동지역에서 20개월을 복무한 아서는 워싱턴 D.C.로 발령을 받았다. 그리고 1943년 2월, 중국으로 의료 자원봉사를 떠나 그곳에서 그해를 거의 다 보냈다. 1944년 말, 펜타곤으로 재발령을 받았고 그곳에서 네브래스카 출신의 생기발랄한 여인 부로시를 만났다. 그리고 전쟁통에 흔히 그렇듯 짧은 구애 기간을 거쳐 1944년 12월 워싱턴 D.C.에서 결혼식을 올렸다. 결혼식 사진을 보면 아서는 군복을, 부로시는 반짝이 소재 원피스를 입고 있다.

1945년 11월 제대한 아서는 부로시와 함께 고향 위스콘신으로 돌아왔다. 그리고 1947년 아들 브라이언을 낳았다. 그들은 그린베이 바로 남쪽에 있는 드페레라는 곳에서 아서 부모님과 함께 살았다. 아서는 그곳에서 노던일리노이 대학교 검안과로 통학을 했다. 1949년 대학교를 졸업한 아서는 검안의로 활동하기 위해 다시 그린베이로 이사했다.

아서는 가정을 풍요롭고 안전하게 지키기 위해 열심히 일했다. 그 결과 지역에서 가장 인정받는 검안의가 되었으며 위스콘신 주 검안의협회장이 되었다. 게다가 당시로는 새로운 기술인 콘택트렌즈를 과감히 취급해 큰돈을 벌었다.

그린베이는 농장으로 둘러싸인 도시로 노동자 계층이 많이 살았다. 치즈 공장과 폭스 강가에 줄지어선 제지 공장 덕분에 지역 경제는 매우 탄탄했다. 특히 제지 공장이 있어 이곳에 정착한 독일계, 벨기에계, 스칸디나비아계 이민자들은 안정된 생활을 누렸다.

그린베이는 미국에서도 잘 알려진 소도시 가운데 하나였다. 사람들의 직업윤리가 확고했고 경제가 탄탄했을 뿐 아니라 전미 풋볼리그(NFL)팀을 보유한 가장 작은 도시였기 때문이다.

테리 조와 오빠 브라이언, 여동생 르네는 그린베이 바로 바깥쪽 숲이 우거진 곳에 있는 흰색 집에서 자랐다. 그 집은 그린베이 동쪽 해안, 그러니까 도시 북동쪽과 몇 킬로미터 떨어지지 않은 곳에 있었다. 주변에 농장이 많았고 집은 드문드문 있었다.

아서는 전쟁에서 겪었던 일과 바다를 항해하고픈 꿈을 잠자리에 들기 전 아이들 침대에서 이야기하곤 했다. 그는 자식들이 모험의 가치를 알길 바랐고, '여행이야말로 최고 교육'이라는 말을 믿었다.

검은 머리칼에 눈동자가 짙은 갈색인 부로시는 한눈에 반할 만한 미인이었다. 날씬하고 스타일이 좋았으며 독립적인 성격이었다. 그녀에겐 아주 친한 친구가 둘 있었는데 그들은 함께 이곳저곳을 돌아다니며 여러 가지 활동에 활발히 참여했다. 결혼한 여자는 남편 뒤에서 그저 말없이 있는 것이 미덕이던 시절에 이는 흔하지 않은 일이었다.

부로시는 또한 에너지가 넘치는 주부였다. 좀 더 안전하고 아름다운 가정을 만들기 위해 열성적으로 정원을 가꾸었다. 부로시는 족발과 아보카도, 프라이드 그린 토마토 같은 이국적인 메뉴를 종종 선보여 요리에서도 모험적인 성향을 잘 드러냈다.

그녀는 아서가 극동지역에서 가져온 그림과 공예품들로 방을 꾸몄다. 아시아풍으로 꾸며진 방에서 미술을 공부한 그녀의 예술적 재능을 읽을 수 있었다. 아서와 부로시 모두 바깥세상이 크고 넓다는 사실을 자식들이 알기를 바랐다.

듀퍼라울트 가족은 하나같이 운동신경이 좋았고 야외활동을 무척 좋아했다. 아서와 아들 브라이언은 지역에서 열린 '부자 골프대회'에서 여러 차례 우승했다. 부로시 역시 골프광이었다. 여름철이면 아서가 아이들을 데리고 해변에 나가 있는 동안 부로시는 친구들과 함께 골프를 치러 갔다. 그녀는 쇼우드클럽 배 골프대회에서 우승을 차지했고, 클럽의 여성 골퍼 모임 회장으로 뽑혔다. 아서는 핸드볼에 취미를 붙여 뛰어난 선수가 되었고, 전국대회에서 서른 번이나 입상했다.

아서와 부로시는 전쟁 뒤의 편안한 삶을 그저 누리기만 하지 않았다. 충실한 미국 시민으로서 의무를 다하기 위해 그들은 시민활동과 학교, 교회 행사 등에 열심히 참여했다.

듀퍼라울트 가족은 집 근처 웨퀴오크에 위치한 작은 침례교회에 다녔다. 아서는 YMCA 회관의 운동 프로그램 코치로 자원봉사를 했고 뛰어난 지도력으로 명성을 얻었다. 그린베이 지역 청년 상공회의 소장을 맡아 임기를 성공적으로 마쳤으며, 6년 동안 자녀들이 다니는 웨퀴오크 초등학교에서도 자원봉사를 했다. 또한 아서는 늘 외모를 깔끔하게 관리했다. 붉은 곱슬머리에 청회색 눈동자, 탄탄한 근육을 가진 아서는 직장에 항상 양복을 입고 나갔고, 구두는 언제나 반짝반짝 빛났다. 그는 좀처럼 흥분하지 않았고 얼굴엔 늘 차분한 미소를 띠고 있었다. 한마디로 맡은 일에 성실하고 진지하게

임하는 사람이었다.

버마의 정글에서 살아남은 그에게 위기와 위험은 익숙한 것이었다. 한 번은 3미터 깊이의 구덩이에 빠진 이웃집 개 콜리를 구해내 전국 신문에 실리기도 했다. 그런가 하면 물에 빠진 친구의 딸을 구하기 위해 정장을 한 채 차가운 바닷물에 다이빙해 들어간 이야기가 지역 신문에 소개되기도 했다.

아서는 열심히 일하는 강인하고 능력 있는 남자이자 자상한 아버지였다. 독초를 먹었거나 화상을 입었거나 감기에 걸린 아이들을 치료하고 돌보는 일은 그의 몫이었다. 아이들이 독감에 걸려 누워 있으면 퇴근하자마자 따뜻한 차를 끓여 가져다주었다. 하지만 위기 상황에 능한 사람은 아서만이 아니었다.

네브래스카 주의 농장에서 자란 부로시도 그랬다. 말괄량이 딸 테리 조가 다쳤을 때 부로시는 직접 상처를 꿰매주었다. 또 북부 위스콘신의 악명 높은 험한 눈보라를 뚫고 아픈 이웃을 병원에 데려다준 적도 있다.

아서는 열정적인 선원으로 위스콘신에 혹독한 겨울이 찾아오면 빙상요트를 타곤 했다. 빙상요트는 한 치의 실수도 허용하지 않는 높은 속도를 자랑하는 위험한 스포츠로, 기술이 대단히 좋지 않으면 감히 도전할 수 없다. 빙상요트는 시간당 80~96킬로미터로 달리며 요트에 탄 사람은 이렇다 할 보호장치를 갖추지 않는다.

아서에게는 여름이면 여러 사람을 태우고 놀러 나갈 수 있을 만큼 커다란 보트를 소유한 친구들이 몇 명 있었다. 이들과 바다로 여행을 다니면서 아서는 좀 더 큰 배 다루는 법을 익혔다. 그는 또한 아이들이나 친구들과 함께 집 근처 바다에서 작은 보트를 띄워놓고 놀기도 했다.

듀퍼라울트 가의 세 아이는 모두 안전한 환경에서 사랑을 듬뿍 받으며 자라났다. 장남 브라이언은 그린베이에 있는 프레블 고등학교 1학년에 다니는 소년이었다. 또래보다 키가 작아 친구들은 그를 '새우'라고 불렀다. 별명이 못마땅했던 그는 YMCA 유도 교실에 등록해서 덩치는 작지만 아버지처럼 단단한 근육을 갖게 되었다. 브라이언은 활달한 성격에 골프만큼이나 야구를 좋아했다.

푸른 눈동자만 빼면 브라이언은 외가 식구들을 쏙 빼닮았다. 그리고 어머니의 재능을 물려받아 피아노를 잘 쳤고, 미술에도 두각을 나타내 지역 대회에서 여러 차례 입상했다. 브라이언은 또한 무언가를 짓고 만드는 걸 아주 좋아해 집 옆에 쌓아둔 장작들로 사촌들이 모두 타고 놀 수 있는 수레를 비롯한 여러 가지 물건을 만들었다. 때로는 화학 실험을 하다가 작은 폭발 사고를 일으키기도 했다.

르네는 다른 형제자매와 달리 짙은 갈색 눈동자에 갈색 곱슬머리인 일곱 살 소녀였다. 아주 여성스러워서 편안한 바지보다는 원피스를 좋아했고, 내성적인 성격이어서 심지어 가족과 함께 있을 때도 수줍음을 탔다. 일곱 살밖에 안 되었지만 영구치가 모두 났고, 성격이 좋아 입가엔 언제나 미소가 어려 있었다. 인형을 아주 좋아해서 늘 인형 옷을 갈아입혔고 친구들과 종종 인형놀이를 했다.

세 아이 중 둘째이자 맏딸인 테리 조는 키가 크고 말랐으며, 동생 르네처럼 조용했다. 다른 가족과 마찬가지로 테리 조도 수영을 아주 잘했고 스케이트와 수상스키, 말 타기를 즐겼다. 하지만 다른 사람들과 어울리는 활동은 그리 좋아하지 않았다.

르네를 제외한 다른 가족과 달리 테리 조는 골프를 싫어해서 집에서 여동생을 돌보거나 혼자 놀았다. 여름이면 테리 조는 온몸이 짙은 구릿빛으로 타곤 했다. 책 읽기를 좋아했으며 학교에서는 평균 B학점 이상을 받았다. 여름에는 외할아버지가 사는 네브래스카 농장에서 말을 타고 가축, 그중에서도 특히 송아지와 어린 돼지를 기르는 일을 도왔다.

테리 조는 동물을 무척 사랑해서 토끼 몇 마리와 개 두 마리, 고양이 다섯 마리를 키웠다. 그러고도 끊임없이 길 잃은 애완동물과 야생동물을 집으로 데려왔다. 샌디라는 이름의 야생 개 곁에는 테리 조 말고는 아무도 다가가지 못했다. 테리 조는 동물 묘지를 만들어주고 묘지 주위에 죽은 동물들을 위해 꽃을 심었다.

테리 조의 삶은 1950년대 여느 중산층 가정의 아이들과 마찬가지로 아주 안전했다. 따라서 자신만의 모험을 창조하고 상상 속에서나 위험이 있는 것처럼 꾸며야 했다. 테리 조는 종종 집 근처 숲을 돌아다니며 혼자서 극적인 정글 생존 게임을 벌였다. 숲 여기저기의 비밀 장소에 요새를 지어놓고 물건들을 저장해두기도 했다. 그녀가 가장 좋아하는 장소는 오후 햇살 속에서만 모습을 드러내는 덤불 사이의 비밀스러운 자리였다. 늦은 오후 테리 조는 그곳에 몸을 숨기고는 모험을 즐기는 한편 안락함을 느꼈다.

테리 조는 덤불 뒤에서 적들을 감시하며 숨어 있는 척했다(적들은 대개 바로 옆에 있는 골프코스를 찾은 골퍼들이었다). 바비인형을 가지고 놀고 인형도 많이 모았지만, 진짜 그녀의 영웅은 타잔이었다. 테리 조는 텔레비전에서 방영하는 옛날 타잔 영화를 무척 좋아했다. 타잔이 입는 것과 비슷한 옷을 직접 만들어 입기까지 했다. 숲 속에서 발견한 죽은 토끼와 다람쥐의 털을 이용해 수영복 같은 옷을 만들어 비밀스러운 정글 모험에 나서거나 나무에 매달려 놀 때 입곤 했다.

1960년에 아서는 아주 바빠져서 아이들과 함께하는 시간이 점점 줄어들었다. 아서는 바다 항해에 나선다는 꿈을 빠른 시일 안에 실행하지 않으면 영영 기회를 놓쳐버릴지도 모른다는 위기감을 느꼈다.

그리고 마침내 때가 왔다. 먼저 짧은 기간 항해하면서 식구들이 긴 요트 여행에 얼마나 잘 적응할지 시험해보기로 했다. 아서는 요트 관련 잡지를 구독하고 요트 중개상이 낸 광고들을 읽으면서 요트 구입 정보를 모았다. 그가 찾는 것은 가족 다섯 명을 태우고 오랜 시간 바다를 항해할 수 있는 커다란 요트였다. 1961년 여름, 1년 동안 대신 가게를 맡아줄 사람을 구했다.

가을학기까지 아이들을 학교에 보내지 않는 건 전혀 문제되지 않았다. 학교 선생님은 아이들이 여행 다니면서도 공부를 한다면 학과 공부에 뒤처지지 않을 거라 말했다. 부로시가 아이들의 공부를 책임지기로 했다. 마침내 듀퍼라울트 가족은 짐을 싸서 플로리다로 향했다. 스테이션왜건(접거나 뗄 수 있는 좌석이 있고 뒷문으로 짐을 실을 수 있는 자동차－옮긴이) 뒤에 작은 트레일러를 연결해 가족들이 그 안에서 잠을 잘 수 있도록 꾸몄다.

아서는 적어도 가을 한 철 동안은 바다에서 지내본 후, 가족이 잘 적응한다면 1년을 채워 바다 여행을 계속하기로 계획했다. 가족은 이미 휴가차 플로리다에 두 차례 갔다 왔는데, 모두 그곳을 아주 좋아했다. 그들은 바닷가에서 놀거나 파도타기를 하고, 부두에서 낚시하는 걸 즐겼다. 하지만 함께 항해에 나서본 적은 없었다.

듀퍼라울트 가족은 플로리다 주 탐파에 잠시 머문 뒤 곧 블루벨 호를 타고 바다 여행을 시작하기로 결정했다.

블루벨 호는 쌍돛대 요트로, 큰 돛대는 18미터, 뒷돛대는 14미터에 달했으며, 원래 경주용으로 만들어져 길고 낮고 좁은 모양이었다. 단순하고 잘빠진 선체와 낮은 중심, 흰색의 조화 덕분에 블루벨 호는 아주 우아하고 산뜻해 보였다. 큰 돛대 앞쪽의 삼각형 돛까지 합하면 블루벨 호에는 돛이 모두 세 개 달려 있었다. 뒷돛대는 커다란 조타석 앞 바로 오른편에 있었고, 키는 조타석 뒤쪽에 있었다.

요트 길이는 18미터, 넓이는 (가장 넓은 면이) 4.5미터였다. 3.3미터 길이의 조타석 앞에는 6.5미터 길이의 선실 지붕이 있어 요트 내부를 거의 덮었다. 나무 재질의 흰색 구명환과 고무로 만든 작은 구명환은 대개 선실 지붕 왼쪽에 실어놓았다. 코르크로 만든 흰색 구명환 다섯 개는 선실 지붕 앞쪽 오른쪽에 매달아두었다. 선실 양 옆으로는 60센티미터가 채 안 되는 좁은 통로가 있었다.

요트 안에서 자리를 가장 넓게 차지하는 곳은 4미터 길이의 주 선실이었다. 노란색 나무로 마감한 선실은 벽 높이 달린 현창 세 개와 지붕에 난 채광창으로 빛이 들어와 내부가 밝았다. 선실 안에는 앞쪽 구석 오른쪽에 샤워 시설과 화장실이 딸린 작은 공간이 있고, 오른편에 걸쳐 간이부엌이 설치되어 있었다. 뒷돛대 오른편으로 난 갑판 승강구 계단을 거쳐 조타석에서 주 선실로 들어갈 수 있었다.

조타석 왼편 아래에는 작은 선실이 하나 더 있는데 길이는 2.7미터, 넓이는 2미터로, 주로 잠을 자는 곳으로 쓰였다. 1.2미터 넓이의 이단침대가 공간을 거의 차지했고 외벽과 선실 뒤편, 침대 밑에는 사물함이 놓여 있었다. 이 선실은 주 선실의 뒤쪽 끝에서 선미까지 뻗어 있었다. 이곳의 내벽 바로 건너편에는 엔진실이 있었다. 조타석 아래쪽 공간은 엔진실이 거의 차지했다.

화장실 바로 옆으로 난 문을 통해 주 선실의 앞쪽, 즉 길이 2.5미터의 큰 침실로 들어갈 수 있었다. 그곳엔 퀸 사이즈 침대 하나와 의자 두 개, 서랍장이 있었고, 침대 밑과 벽에 사물함이 놓여 있었다.

큰 침실과 벽으로 분리된 앞쪽 선실은 주 선실과 같은 높이인 앞쪽 갑판에 난 넓은 복도를 통해서만 들어갈 수 있었다. 큰 돛대 밑부분은 큰 침실과 앞쪽 선실 사이에 놓여 있었다. 앞쪽 선실 길이는 3미터였고 이단침대 두 개가 V자를 그리며 놓여 있었다(배 가운데가 불룩했기 때문에 그렇게 배치될 수밖에 없었다). 이곳에 선장과 그의 아내가 머물기로 했다.

한마디로 블루벨 호는 대여섯 명을 편안히 수용할 수 있도록 디자인된 배였다. 듀퍼라울트 가족에게는 안성맞춤인 요트였다.

블루벨 호는 1928년에 위스콘신 주 스터전배이에서 지어졌다. 그곳은 그린베이에서 북쪽으로 한 시간 정도 걸리는 곳이다. 원래 이름이 레이디제인이었던 이 요트는 듀퍼라울트 가족에게도 매우 익숙한 그린베이와 미시간 호를 항해하다 이 사람 저 사람을 거쳐 드디어 포트로더데일에서 듀퍼라울트 가족을 만난 것이다.

2장

전쟁 영웅 하비

1960년 하비는 블루벨 호 선장으로 고용되었다. 그의 과거에 대해서는 알려진 게 별로 없었다. 물론 모든 사람이 마흔네 살 된 잘생긴 이 남자가 공군 중령으로 은퇴했다는 사실과 베테랑 폭격기 조종사라는 사실을 알았다. 하지만 포트로더데일에 새로 이사 온 사람에 대해 그 정도밖에 알려지지 않았다는 건 흔치 않은 일이었다. 동네 사람들이 그에 대해 아는 것은 대략 다음과 같았다. 19년간 군대에 있으면서 제2차 세계대전 때 폭격기 조종사로 활약해 공군수훈십자훈장과 공군수훈장을 받았다는 것, 한국전쟁에서도 카리스마 넘치는 조종사로 큰 공을 세웠다는 것 그리고 항해를 사랑한다는 것이다. 다른 많은 플로리다 주민처럼 하비도 은퇴한 뒤 그곳에 정착했다.

1958년 공군에서 은퇴한 이 조종사는 아주 잘생기고 체격 또한 훌륭했다. 오랜 꿈이었던 항해용 배의 정식 선장이 되기 위해 마이애미를 거쳐 포트로더데일에 정착한 하비는 정박지와 요트 클럽에 정기적으로 드나들었다. 남자들과는 거의 어울리지 않았고 항상 바에서 아름다운 여성들과 함께 있었다.

하비는 화이트스완이라는 이름의 커다란 스쿠너선(돛대가 두 개 이상인 범선—옮긴이)을 잠시 소유해 마이애미에서 바하마까지 승객들을 태우고 몇 차례 항해에 나섰다. 그리고 이전에도 적어도 한 번 다른 커다란 요트를 소유한 적이 있었다. 1년 뒤쯤 그는 화이트스완을 팔았는데 아마도 경제적인 문제 때문이었을 것이다. 하지만 항해를 무척 사랑한 나머지 돛 네 개짜리 대형 배 폴리네시아에서 갑판원으로 일하기도 했다. 그보다 규모가 작은 요트 선장으로라도 일하기로 마음먹은 그는 1961년 여름, 해럴드 페그 소유인 블루벨 호의 계약직 선장이 되었다.

하비는 마흔네 살이나 되었는데도 체격이 당당했을 뿐 아니라 여전히 전투기 조종사 같은 카리스마를 풍겼다. 그의 외모는 영웅적인 조종사의 전형이었다. 아름다운 금발머리에 남자답고 환한 미소를 지닌 하비는 영화배우처럼 매혹적이었다. 얼마나 잘생겼는지 그가 예전에 모델로 활동했다는 소문까지 돌았다(실제로 그는 대학교에 다니기 전에 광고 모델로 활동했다). 게다가 하비는 섬세하고 매너도 좋았다.

지금처럼 몸을 가꾸는 일이 크게 유행하기 전에 하비는 열성적으로 몸을 만들었다. 여성들의 눈길을 끌기 위해 날렵하고 단단한 몸을 만드는 운동을 꾸준히 한 것이다. 일할 때나 사진을 찍을 때면 그는 종종 웃옷을 벗었다. 그러나 흠잡을 데 없어 보이는 그에게도 한두 가지 단점이 있었다. 때때로 말을 더듬었고(하지만 이것은 이 완벽한 아도니스를 좀 더 인간적이며 접근 가능한 대상으로 만들어주는 역할을 할 뿐이었다) 불량하고 끈적거리는 눈빛을 보일 때가 있었다.

수많은 여인의 눈물을 뒤로하고 1961년 6월 26일, 이 매혹적인 바람둥이는 전직 스튜어디스이자 작가 지망생인 메리 덴 조단(친구들은 그녀를 덴이라 불렀다)과 결혼식을 올렸다. 덴 또한 우연하게도 블루벨 호와 듀퍼라울트 가족과 마찬가지로 위스콘신 출신이었다. 덴도 블루벨 호의 마지막 항해에 동참하게 된다. 덴과 결혼하기 전에 하비가 이미 몇 차례 결혼과 이혼을 반복했다는 소문이 돌았지만 아무도 확실한 내용은 알지 못했다.

3장

천국에서 보낸 며칠

1961년 11월 8일 수요일, 블루벨 호는 7일간의 여행을 위한 준비를 모두 마쳤다. 듀퍼라울트 가족은 드디어 항해를 하게 된다는 사실에 한껏 들떠 요트에 올랐다. 아이들은 다가올 모험에 흥분해 갑판 위를 뛰어다녔다. 요트의 주인이자 하비의 고용주인 해럴드 페그가 요트에 올라 마지막 점검을 마쳤다. 나중에 페그는 브라이언이 22구경 엽총을 가지고 있었다고 말했다.

"그 총으로 뭘 할 거니?"

페그가 물었다.

"상어를 쏠 거예요."

브라이언이 웃으며 대답했다. 1961년에는 지금과는 분위기가 많이 달라 상어를 총으로 쏘는 행위를 스포츠의 하나로 여겼다.

장비를 다 실은 뒤 페그가 요트에서 내리자 브라이언이 밧줄 내리는 걸 돕기 위해 하비 선장 곁으로 급히 달려갔다. 하비가 천천히 타륜을 꺾자 블루벨 호의 115마력짜리 크리스털 엔진이 부드럽게 부르르 소리를 냈다. 블루벨 호는 '푸푸' 소리와 함께 가는 연기를 내뿜으며 점점 부두에서 멀어져 갔다. 하비가 속도를 높이자 요트는 깊게 울리는 큰 소리를 내며 앞으로 나아갔다. 해변에서 페그는 요트가 드넓은 바다를 향해 나아가는 모습을 지켜보았다. 남동풍을 받아 돛이 팽팽해졌고, 요트는 바람을 타고 하늘에라도 올라갈 듯 날렵하고 아름다운 자태를 뽐냈다.

새로 페인트칠을 해서 선체는 반짝반짝 빛났다. 요트가 항구의 어두운 물을 떠나 푸르른 망망대해로 미끄러져 가면서 듀퍼라울트 가족의 모험은 드디어 시작되었다. 모든 것이 완벽했다. 짧고 가벼운 폭풍이 지나간 뒤라 공기는 더욱 신선했다. 승객들은 얼마나 흥분했는지 바닷물에 몸이 젖는 것 따위는 신경 쓰지 않았다. 오히려 입가에 묻은 소금기를 핥으며 즐거워했다. 열대 바다의 짜릿한 맛이 느껴졌다.

테리 조와 브라이언은 갑판에 서서 끝없이 펼쳐진 망망대해를 온몸으로 느꼈다. 처음에는 근처 섬에서 첫날 밤을 보내기로 계획했지만 생각보다 항해 시간이 오래 걸려 배에서 밤을 지내게 되었다(섬에 들어가려면 시간 안에 서류를 제출해야 하는데 이미 근무시간이 지나버렸다). 바다에서 맞는 새벽은 이루 말할 수 없이 아름다웠다. 열대의 새벽은 분홍색과 금색, 푸른빛으로 밝아왔다. 섬에서 날아든 펠리컨들이 커다란 날개를 펼치고 먹이를 찾아 큰 소리로 울며 요트 위를 맴돌았다. 승객들은 먹이를 찾아 바다로 뛰어드는 펠리컨을 경탄의 눈빛으로 바라보았다.

그런가 하면 물고기들이 커다란 떼를 지어 녹색 물 아래를 헤엄쳐 갔다. 마치 물 위에 회색 구름이 드리워진 것 같았다. 그러자 갈매기들이 물속으로 다이빙해 들어갔다. 물고기와 갈매기의 싸움에 물이 튀어 올랐다.

어찌된 영문인지 하비가 다음 날도 서류를 제출하지 않았기 때문에 승객들은 두 번째 밤도 요트에서 지내야 했다. 그다음 날 아침, 하비는 요트를 그레이트아바코 섬의 샌디포인트 마을로 몰았다.

항해하는 내내 듀퍼라울트 가족은 이루 말할 수 없는 즐거움을 맛보았다. 물고기들이 해면 위로 솟구쳐 올라 마치 새처럼 공중에 높이 떠 있었다. 거대한 바다거북이 블루벨 호 근처까지 접근해오기도 했고 상어의 비늘이 보이기도 했다. 듀퍼라울트 가족은 눈에 보이지 않는 저 깊은 물속에 지금까지 몰랐던 아름답고도 위험한 세계가 펼쳐져 있다는 사실을 새삼 깨달았다.

블루벨 호는 해협을 건넌 뒤 그레이트바하마 제방의 고요하고 믿기지 않을 정도로 깨끗한 에메랄드빛 물가로 들어갔다. 그곳은 북동 위스콘신과는 너무나 다른 세상이었다. 1961년 즈음엔 선원들이 몇 주간 계속해서 배를 원하는 항구에 정박해놓고 머물 수 있었는데, 각 항구에서 사람들을 만나는 일은 극히 드물었다.

바다 색깔은 스테인드글라스처럼 수평선마다 다른 빛을 띠었고 시시각각 달라졌다. 깊은 해협은 대양처럼 초록빛을 띤 푸른색이었다. 3~4.5미터 깊이에서는 밝은 청색을, 1.2~1.5미터 깊이에서는 밝은 녹색을, 30~60센티미터 깊이에서는 아주 옅은 녹색을 띠었다. 30센티미터가 안 되는 곳의 물은 색깔 없이 투명했으며, 산호에 부딪히면 흰 거품을 내면서 부서졌다. 바닥이 암석지대면 밝은 청색은 어두운 녹색으로 변했고, 밝은 녹색을 띤 물이 해초 바닥을 지날 때면 옅은 갈색이 났다.

가족 중에서 야외활동을 가장 좋아하고 자연관찰을 즐기는 테리 조는 이 모든 광경을 하나도 놓치지 않고 보고 느끼려 했다.

바다에 떠 있는 작은 섬들에는 대부분 사람이 살지 않았다. 몇몇 섬을 둘러싼 부드러운 해변은 세상 무엇보다 아름다워 보였다. 어떤 해변은 눈부신 흰색으로 빛났고, 산호로 뒤덮인 해변은 옅은 분홍빛을 띠었다. 사실 바하마 전체가 수만 년 동안 그곳에서 서식했던 산호가 모여 이룬 거의 3.2킬로미터에 달하는 탄산염 언덕이었다.

항구의 물이 너무 얕아 블루벨 호를 정박하기 어렵게 되자 하비는 섬 근처에 닻을 내렸고, 듀퍼라울트 가족은 요트에 딸린 작은 구명용 보트를 타고 섬 근처를 탐험했다. 눈앞에 다가온 이 신비한 해변에 다다르려고 노를 저으면서 그들은 섬을 철저히 탐험할 꿈에 부풀었다. 아마도 옛날 옛적, 스페인 상인의 배를 습격한 해적들도 이 섬에 배를 대고 신세계에서 가져온 각종 보물을 펼쳐놓고 잔치를 벌였으리라. 심지어 오늘날에도 섬을 탐험하다가 옛 스페인 금화를 발견하는 일이 종종 있다.

그 후 이틀 동안 듀퍼라울트 가족은 물안경과 스노클링을 사용해 두세 군데 섬의 얕은 물속을 헤엄쳤다. 무지갯빛 열대고기들과 해저정원은 경탄을 불러오기에 충분했다. 담수인 미시간 호와 달리 열대바다는 소금기가 많아 몸이 물에 쉽게 둥둥 떴고 가족은 그 느낌을 한껏 즐겼다. 한번은 테리 조가 얕은 물에서 수영하다가 멀리 닻을 내리고 선 블루벨 호를 쳐다보았다. 그런데 하비가 갑판에 서서 자신을 뚫어지게 바라보고 있는 걸 보았다. 새로 산 수영복을 입은데다 사춘기에 접어든 몸을 의식한 테리 조는 순간 불편한 감정을 느꼈다. 하지만 곧 잊어버리고 다시 수영을 했다.

르네를 제외한 가족은 모두 수영을 아주 잘했다. 그래서 스노클링을 하면서 작살로 고기 잡는 법을 배웠다. 때때로 가족은 산호들을 보러 작은 보트를 타고 나갔다. 그동안 덴과 르네는 해변에서 조개를 줍거나 모래를 파고 놀았다.

마을은 바다와 멀리 떨어져 있었고, 고기잡이배와 작은 상선들이 해안을 끊임없이 오고 갔다. 하비는 섬에서 45미터 정도 떨어진 앞바다에 블루벨 호를 정박하고 닻을 내렸다.

몇몇 해안을 탐험한 것을 제외한다면 블루벨 호 탑승객들이 뭍에 발을 내디딘 건 이번이 처음이었다. 듀퍼라울트 가족은 모래 위 거대한 야자수 그늘 아래 모여 있는 다채로운 색상의 소박한 집들을 돌아다니며 그곳 사람들과 이야기를 나누었다. 아서는 풍경이 무척이나 마음에 들었는지 마을 판무관인 로버트 핀더에게 이곳에 별장을 짓고 싶다고 말했다.

"이번 여행은 제가 평생 꿈꿔온 것이고 우리 가족은 순간순간을 즐기고 있습니다."

아서가 판무관에게 말했다.

"다시 돌아와 이곳에 겨울 별장을 지을 계획입니다."

아마추어 미술가인 부로시 역시 이 마을에 매혹되었다. 색색의 꽃과 작은 나무들로 둘러싸인 밝은 파스텔톤의 작은 집들은 그녀 마음을 사로잡았다.

하비는 판무관 사무실을 찾아가 영국령 섬에 들어갈 수 있는 공식 서류를 제출했다. 영국령 섬에 들어가려면 반드시 서류를 내야 했다. 서류를 너무 늦게 제출했지만, 그때만 해도 제도가 좀 느슨했던 탓에 당국은 세세한 위반 사항에 그다지 신경 쓰지 않았다. 특히 미국인이 섬에 잠시 머물면서 수영하거나 구경하기 위해 배를 정박하는 행위는 거의 문제 삼지 않았다. 다른 사람들이 편지를 부치는 동안 하비는 요트를 정비했다.

덴은 어머니 로라 덴 조단 여사(듀퍼라울트 가족과 마찬가지로 위스콘신에 살았다)에게 보낸 편지에서 다음과 같이 불평했다.

> 난 한순간도 배 위에서나 해변에서 혼자 있을 수 없어요. 투명인간이 되거나 어디론가로 사라지는 법을 배우고 싶어요. 도대체 왜, 사람들은 날 혼자 내버려두지 않는 걸까요? 정말 죽고 싶어요. 듀퍼라울트 가족을 위해 새벽에 일어나 아침을 준비하는 것도 너무 싫어요.

하지만 덴의 어머니는 딸이 아마도 장난을 하려고 과장되게 화를 냈을 것이라고 말했다. 편지의 문투가 그 부분을 제외하고는 활기찼고 이름 옆에는 웃고 있는 얼굴 그림도 덧붙였기 때문이라고 설명했다. 덴은 듀퍼라울트 가족이 '아주 친절'하며 아이들도 예의바르다고 썼다. 하지만 그녀는 웬일인지 남편 하비에 관해서는 한 마디도 언급하지 않았다. 이전에는 편지를 쓸 때마다 남편 자랑을 늘어놓곤 했다.

판무관 사무실에서 나오면서 하비는 그 지역 어부이자 오랜 지인인 나폴레옹 로버트와 마주쳤다. 둘은 하비가 화이트스완을 판 뒤 폴리네시아에서 일할 때 몇 년에 걸쳐 잠깐씩 함께 일했다. 하비는 갑판에서 일했고, 로버트는 요리를 하고 서빙을 했다. 두 사람이 지나간 일을 이야기하다가 하비는 로버트가 만들어준 신선한 가재가 먹고 싶다고 말했다. 로버트는 그날 밤 가재 요리를 해주겠다고 약속했고 하비는 기꺼이 그를 블루벨 호에 초대했다. 나중에 로버트는 요트에 있던 모든 사람들이 여유롭고 만족스러워 보였다고 말했다. 또한 그는 하비와 그의 아내는 술을 마셨지만 듀퍼라울트 가족은 마시지 않았다고 말했다.

토요일 아침, 하비는 얕은 물가의 바위와 산호초 사이로 블루벨 호를 몰면서 북서쪽으로 12킬로미터 떨어진 고다캐이라는 작은 섬으로 향했다. 사람이 많이 살지 않는 그 섬은 그림 같은 항구와 U자형의 아름다운 해변을 뽐내는 곳이었다. 블루벨 호 승객들은 섬 근처에서 낚시를 했고, 요트는 천천히 바다 위를 떠다녔다.

일요일 이른 아침, 블루벨 호는 다시 샌디포인트로 돌아갔고 하비는 판무관 사무실을 다시 찾아갔다. 바하마를 떠나 미국으로 돌아가겠다는 서류를 작성하기 위해서였다.

덴은 판무관 아내와 이야기하면서 이미 또 다른 계약이 성사되었기 때문에 '크리스마스 이전에 다시 돌아올 것'이라고 말했다. 그리고 다음번에 올 때는 이곳 사람들을 위해 옷과 잡지 등을 가져다주겠다고 약속했다. 판무관과 그의 아내는 매력적이고 활기찬 덴의 모습에 깊은 인상을 받았다. 하비 역시 무척 유쾌해 했고, 아내와 웃으며 농담을 했다.

해변에서 아서는 이 지역 어부인 지미 웰스를 만나 이야기를 나눴다. 아서는 웰스에게 블루벨 호를 몰고 오다 만난 엄청나게 큰 상어에 대해 이야기했다. 웰스는 아서가 엽총으로 상어를 쏠까 고민했다는 말을 전했다. 브라이언이 엽총으로 상어를 쏠 생각에 흥분을 감추지 않았지만 아서는 그렇게 하지 않는 편이 낫겠다고 결론지었다. 아서는 웰스를 블루벨 호에 초대했고 사람들은 웰스 곁에 둘러앉아 환상적인 아바코 섬의 이야기를 들었다. 웰스는 그곳에서 고기를 잡은 경험과 섬 내부의 크고 울창한 정글에 대해 이야기했다. 정글에는 야생 멧돼지와 개, 말이 뛰놀고 있다고도 했다. 그것들은 원래 가축이었는데 100년 전쯤에 산호초에 부딪힌 배에서 탈출해 정글로 들어왔다고 했다. 시간이 흐르면서 가축들은 야생이 되었고 종도 다양해졌다. 심지어 정글에는 나는 법을 배워 나무 위에서 사는 야생 닭도 있다고 했다.

"블루벨 호에 탄 사람들은 모두 친절했고 우린 아주 재미있는 시간을 보냈어요."

나중에 웰스는 이렇게 말했다.

"아주 행복이 넘치는 배였습니다."

듀퍼라울트 가족은 웰스에게 저녁까지 먹고 가라고 청했고 덴이 사람들을 위해 닭고기 요리와 샐러드를 준비했다. 이것이 블루벨 호에서 먹은 마지막 식사였다.

그리고 다음 날, 주유선 걸프라이온은 고무로 만든 구명환을 매단 블루벨 호의 작은 구명정을 발견했다. 이상하게도 구명정에 탄 남자는 처음에는 신호를 보내려 하지 않다가 걸프라이온 호가 다가오는 걸 보고서야 손을 흔들기 시작했다. 하비는 자신의 신분을 밝히고 르네의 시신이 구명환에 있다고 말했다. 그는 처음에 그 시신이 테리 조라고 잘못 말했다.

하비는 걸프라이온의 선원들에게 자신이 비극의 유일한 생존자라고 말했다. 지난 밤중에 갑자기 돌풍이 몰려와 바닷물이 요트를 덮쳐 선체에 구멍을 냈다고 했다. 그리고 거센 물살은 뒷돛대마저 넘어뜨려 무너진 돛대가 엔진실과 조타실 위로 쓰러졌다고 했다. 손상이 너무 커서 엔진실의 가스관이 폭발했고 화염이 요트를 덮쳐 갑판이 아수라장이 된 채 천천히 침몰했다는 설명도 덧붙였다. 그 와중에 조타실에 있던 승객들은 대부분 부상을 입었다고 했다. 구명정과 구명환 등을 꺼내 바다 밖으로 던졌지만, 돛과 돛대, 로프 등이 바닥에 가득 얽히고설킨 탓에 승객들 대부분은 화염 속에서 빠져나오지 못하고 조타실에 갇혀버렸고, 몇몇은 무작정 요트 밖으로 나와 바다로 뛰어들었다고 했다. 요트가 침몰한 뒤 그는 막내 르네만을 발견했다. 르네는 얼굴을 바다로 향한 채 구명조끼를 입고 바다에 떠 있었다.

걸프라이온 호 선장은 즉각 해안경비대에 전화했다. 당시 영국령이던 바하마와의 오랜 협약에 따라 블루벨 호의 사고를 보고하기 위해서였다. 해안경비대는 생존자와 요트의 잔해를 찾기 위해 수색에 나섰다. 바하마 근처 4.8킬로미터에 위치한 미국 해안경비대 역시 사건을 보고받았다.

하비는 걸프라이온 호를 타고 바하마 최대 도시 나소로 인도되었다. 나소는 현장에서 96킬로미터 떨어진 곳에 있었다. 걸프라이온 호의 선원 중 한 사람이 하비를 안쓰럽게 여겨 180달러를 주었고,

하비는 그 돈으로 다음 날 바로 마이애미로 날아갔다. 마이애미에 도착한 하비에게 해안경비대는 이틀 뒤 출두하라는 호출을 내렸다. 11월 16일 목요일, 블루벨 호의 실종과 (아마도) 사망한 모든 승객에 대해 조사하기 위해서였다.

4장

하비 선장의 이야기

11월 16일 오전 9시, 어니스트 머독 중령은 블루벨 호 실종 사건을 조사하기 위한 회의를 소집했다. 머독 중령과 해안경비대장 로버트 바버가 조사 책임자였다. 청문회가 시작되었을 때 바버는 자리에 없었다.

마이애미 상업 지구에 위치한 빌딩 4층에 있는 머독의 사무실에 나타난 하비는 상태가 좋아 보였고 그런 그의 모습에 많은 사람이 놀랐다. 아내가 죽은 것이 거의 확실한데다가 듀퍼라울트 가족이 목숨을 잃은 데 대해 선장으로서 최소한의 책임감을 느끼고 있을 거라 생각했기 때문이다. 그는 캐주얼한 갈색 가죽점퍼와 갈색 바지, 황갈색 셔츠를 깔끔하게 차려 입었다.

준수하게 차려 입은 하비는 블루벨 호의 주인 페그와 반갑게 인사를 나눈 뒤 방에 모인 다른 사람들에게도 활짝 미소를 지어보였다.

심문이 시작되기 전 하비는 머독에게 생존자나 요트의 잔해를 찾았느냐고 초조한 듯 물었다. 그 순간 하비는 좀 긴장되어 보였다. 그리고 스트레스와 피로로 고질적인 말 더듬기 증상이 다시 나타나는 듯했다. 머독은 이를 '죄책감과 고통에 따른 자연스러운 반응'이라고 받아들였다.

머독은 수색구조 부서에 전화를 걸어 상황을 확인했다. 통화를 마친 머독은 하비에게 수색이 전혀 진전을 보이지 않는다고 전했다. 비행기와 배를 동원해 수색했지만 이상하게도 요트의 어떤 흔적이나 잔해도 발견되지 않았다고 했다.

하비는 머독의 책상 한쪽에 놓인 딱딱한 나무의자에 긴 한숨을 내쉬며 앉았다. 페그와 그의 변호사는 방 뒤쪽에 놓인 의자에 앉았다. 젊은 머독 중령이 부드러운 목소리로 심문 목적을 설명했다. 블루벨 호의 실종 원인을 밝히고, 이번 재난에 어떤 부적절한 행위나 실수 또는 위법행위가 있었는지 조사하는 게 심문 목적이었다. 머독은 하비에게 진실만 말할 것을 서약하게 한 뒤 무슨 일이 일어났는지 설명해달라고 요청했다.

"하나도 남김없이 다 말할까요?"

하비가 물었다.

"물론이죠."

머독이 대답했다.

하비가 설명을 시작하자 조사관들이 노트에 그의 말을 기록했다. 그 순간에는 알려지지 않았지만 하비는 블루벨 호 말고도 6년 동안 배를 두 척 더 잃었다. 하지만 이번에는 배는 물론 승객까지 잃은 것이다. 하비의 진술은 흥미로웠다. 다음은 하비의 증언을 요약한 것이다.

하비는 먼저 자신과 아서가 643킬로미터를 항해해 바하마에서 플로리다로 돌아오는 이틀짜리 항해 계획을 세웠다고 말했다. 그러려면 아주 잠시만 쉬고 밤낮없이 요트를 몰아야 했다.

우리는 아주 캄캄한 일요일 밤이 막 지날 무렵 프로빈스 해협 동쪽에 위치한 샌디포인트에서 항해를 시작했습니다. 우린 그레이트스터업캐이에서 몇 시간 정박하기로 계획했죠. 거기서 서너 시간 잠을 잔 뒤 그레이트아이삭으로 가서 요트를 정박하고 조금 더 잠을 청하기로 했어요. 그런 다음 화요일 밤이나 수요일 오전에 포트로더데일에 도착하기로 했습니다.

샌디포인트를 떠날 때 날씨가 좋았습니다. 28km/h 정도의 상쾌한 바람이 불어왔죠. 조심스럽게 항해했습니다. 나는 스테이슬과 큰 돛대를 올렸습니다. 블루벨 호는 불편을 느낄 정도로 흔들리지 않으면서, 46~50km/h의 바람을 맞으며 나아갈 수 있었습니다. 사실 그보다 더한 바람도 소화할 수 있지요. 다시 말해 나는 아주 안전하고 보수적인 항해 계획을 세웠습니다.

그 지역에는 비를 동반한 약한 돌풍이 있었습니다. 샌디포인트에서 그레이트스터업캐이로 가는 도중 그중 하나를 만났죠. 항해가 아주 즐거웠기 때문에 모든 사람이 조타실에 모여 있었습니다. 조타실 공간이 넉넉했거든요. 아이들이 거기에 임시로 이부자리를 깔고 낮잠도 잤으니까요.

약한 돌풍이 배를 강타한 뒤 끔찍한 일이 벌어졌습니다. 약 37km/h의 바람에 큰 돛대가 쓰러져 갑판을 덮쳤지 뭡니까? 15미터 길이의 나무기둥이 곧장 바닥으로 돌진했고 갑판에 구멍을 냈습니다. 갑판이 종잇장처럼 뚫렸지요. 마치 전신주가 무너져 내리는 것 같았습니다. 돛대는 선체 바닥까지 뚫고 들어가면서 뒷돛대마저 쓰러뜨려 조타실에 있던 우리를 덮쳤습니다. 모든 삭구가 망가져 우리는 아무런 손도 쓰지 못하고 뒤뚱거리는 배 안에 갇혀버렸습니다.

블루벨 호 같은 쌍돛대 배는 불룩한 부분 쪽으로 앞부분에 큰 돛대가 있고 뒷부분에 길이가 짧은 뒷돛대가 있다. 이들 돛대가 똑바로 서 있고 돛대 꼭대기에서 배 갑판 가장자리까지 이어지는 굵고 튼튼한 케이블이 돛대를 측면에서 지지한다. 그런가 하면 돛대 꼭대기에서 배의 불룩한 부분과 선미로 이어지는 케이블이 있는데 이들은 돛대를 세로로 지지한다.

이 모든 삭구는 서로 아주 팽팽하게 연결되어 있으며 바람의 압력을 받으면 특히 더 팽팽해진다. 따라서 돛대 하나가 무너져 내린다면 다른 돛대를 포함한 모든 삭구 역시 무너질 확률이 높다. 또 갑자기 팽팽한 상태가 흐트러지면 케이블들이 순식간에 칭칭 감겨 버릴 수 있으며, 그러면서 갑판 위의 삭구들은 물론 사람들까지 해칠 수 있다. 심한 경우는 배가 조각나거나 파편이 사방으로 튈 수도 있다. 모든 삭구와 거대하고 무거운 돛대마저 부서졌다면 갑판 위에는 틀림없이 엄청난 잔해가 쏟아져 내렸을 것이다.

하비는 이 부분에서 더욱 심하게 말을 더듬었다. 턱이 떨렸고 말이 혀끝까지 나온 것 같았지만 입 밖으로 잘 내뱉지 못해 진술이 한동안 중단되었다. 이야기를 이어나가면서 의자에서 자세를 바꾸었고, 햇볕에 탄 갈색 손을 들어 올려 금발머리를 쓸어 넘기기도 했다. 엄청난 긴장감을 느끼는 게 틀림없었다. 배를 덮친 끔찍한 사고와 아내를 비롯한 모든 승객의 죽음을 생각한다면 그의 반응은 충분히 이해할 만한 것이었다. 하비의 증언이 계속되었다.

다행히 아무도 쓰러진 돛대에 직접 맞지는 않았습니다. 하지만 아내 덴과 아서는 쪼개진 조각에 다리를 다쳤습니다. 그때 나는 키를 잡고 있었습니다. 엔진을 켜고 배의 균형을 잡으려고 애썼지요. 다친 사람들을 잠시 살펴본 뒤 사람들에게 자리에 앉으라고 말했습니다. 우왕좌왕하지 말라고도 했지요. 케이블을 끊을 만한 도구를 찾아와 사람들 주변의 케이블을 제거하려 했습니다. 나는 잔해들을 헤치고 앞으로 나아갔고 갑판 밑의 선원실로 내려가 절삭기를 찾아냈습니다.

선원실을 나오는데 조타실에서 불이 나기 시작하는 게 보였습니다. 바람이 갑판 앞쪽에서 뒤쪽으로 불어와 승객은 불길을 피해 뒤쪽으로 움직였습니다. 어른들은 구명조끼를 챙기고 있었던 것 같고, 아이들은 이미 구명부환(선박 조난 시 인명을 구조하기 위해 코르크나 카포크를 채워 방수포를 씌운 것으로, 보통 고리 모양-옮긴이)을 갖추고 있었습니다.

승객들이 갑판 뒤쪽에 서 있었는데 그곳은 (갑판 뒤쪽 아래에 있는) 가솔린 탱크와 매우 가까웠어요. 폭발이 일어날까봐 본능적으로 엄청난 공포를 느꼈습니다. 난 아래로 내려가 소화기 두 개를 집어 들었습니다.
돛대가 낸 구멍을 통해 들어온 물은 이미 발목까지 차올랐습니다. 요트는 뒤뚱거렸고 물이 앞뒤로 세차게 들이찼습니다. 제자리에 서 있기조차 힘들었습니다.

하비는 갑판으로 돌아와 보니 조타실의 환풍구에서 엔진실로 불꽃이 치솟았다고 증언했다. 불길은 조타실을 뒤덮었고 순식간에 갑판 전체로 번졌다. 갑판은 최근 가연성이 매우 높은 네오프렌으로 새로 칠했다. 하비는 불을 끄느라 작은 소화기를 금방 다 써버렸다고 말했다. 그때 요트가 가라앉기 시작했고 하비는 주 선실 위의 왼쪽에 매달린 구명정과 구명환을 띄우기로 했다.

갑판 뒤쪽에 있던 승객들은 내가 구명정을 내리는 것을 보고는 바다로 뛰어들기로 했습니다. 그리고 내가 구명정을 가져오길 기다렸습니다. 그들은 나를 믿었거든요. 나는 케이블을 자르고 다가가 구명정마저 파도에 휩쓸려가지 않도록 조심하며 바다로 내렸어요. 희미한 외침이 들리더군요. 하지만 바람소리에 묻혀 사라졌어요.
나는 구명환과 구명정을 함께 묶고 선미로 노를 저어 갔습니다. 아주 캄캄해서 아무것도 볼 수 없었습니다. 물속에서 빛을 내는 카바이드가 있었지만 말을 듣지 않아서 배 밖으로 던져버렸습니다.

하비는 블루벨 호가 빠르게 침몰하기 시작했으며 칠흑 같은 어둠 속에서 목이 쉴 때까지 소리쳤으나 거센 바람과 세찬 빗소리 말고는 아무런 응답도 듣지 못했다고 덧붙였다. 마침내 바다에 떠 있는 막내 르네를 발견했지만 아이는 얼굴을 바다로 향한 채 죽어 있었다고 말했다.

그때쯤 블루벨 호는 아주 조용히 바다 속으로 침몰해갔습니다. 그러면서 불길도 잦아들더군요. 큰 불이 요트 전체를 덮친 것은 결코 아닙니다. 단지 조타석과 선미 쪽에서만 불길이 일었습니다.
난 너무 지쳐서 어린 소녀를 구명환 위에 올려놓는 것 말고는 아무것도 할 수 없었습니다. 그리고 인공호흡을 시도했습니다.

하비는 똑같은 진술을 반복했다. 르네를 발견한 이야기를 하면서, 그는 "난 아이를 구명환 위로 끌어올렸습니다. 끌어올렸어요. 혼자서 끌어올렸어요"라고 말했다. 그리고 혼자서 구명정과 구명환을 내리느라 얼마나 지쳤는지를 몇 차례 강조했다. 머독은 그를 골똘히 쳐다보았다.

파도가 거세지더군요. 난 소녀의 몸을 고무 구명환에 묶었습니다. 혼자서요. 그리고 다른 승객들을 발견할 희망을 완전히 버리기 전까지 두 시간 동안 그곳에 머물렀습니다. 그 뒤 아침 6시 30분경까지 바다를 표류했습니다. 나는 그때까지 여전히 소리를 지르고 있었습니다.

날씨가 추웠습니다. 아침이 되어 비상식량 통을 열었습니다. 그때 문제가 생겼다는 걸 깨달았습니다. 바람이 남동쪽에서 불어왔기 때문에 멕시코만류를 따라 계속 남쪽으로 표류하지 않을까 걱정되더군요. 그래서 처음으로 식량을 먹었습니다.

해가 나오자 몸이 좀 따뜻해졌지만 파도가 끊임없이 몸에 물을 끼얹었습니다. 파도 높이는 2.5~3미터, 바람은 37km/h 정도였습니다. 낮 1시쯤 커다란 증기선이 우리 쪽으로 다가왔습니다. 8~9킬로미터 앞까지요. 하지만 4.8킬로미터 정도 거리에서 증기선은 내 왼편에서 방향을 바꾸었고 나를 지나쳐 1.6킬로미터 정도 멀어졌습니다. 하지만 선미에 있던 누군가가 나를 발견하고는 다시 돌아와 건져 올려주었습니다.

그들이 내게 먹을 것을 주고 경미한 쇼크에 대한 처치를 해주었습니다. 그들은 마이애미 해안경비대에 곧장 무전연락을 했습니다. 그리고 나를 나소에 내려주었습니다.

하비의 증언이 끝나자 머독은 한동안 무표정한 얼굴로 천장을 응시했다. 그러곤 별다른 말을 하지 않았다. 머독은 하비가 두 번씩이나 '나 혼자서'라는 말을 한 것이 이상하다고 생각했다. 혼자라는 사실이 명백하다면, 그는 어째서 불필요하게 그 사실을 거듭 강조하려 했을까? 머독은 혹시 하비가 자신의 부주의나 태만으로 승객들을 죽게 내버려두었다는 사실을 숨기려는 게 아닐까 하는 의구심이 들었다. 하지만 어쩌면 하비는 그저 죄책감을 느끼는 것일지도 몰랐다. 선장으로서 승객들의 안전을 책임져야 하는 의무가 있으니 말이다.

이 진지한 중령은 어떻게 돛대가 갑판에 구멍을 낼 수 있는지도 의아하게 생각했다. 자신의 경험상 부러진 돛대는 수직으로 곧장 추락하지 않는다. 바람 때문에 부서진 돛대는 바람에 밀려 돛대 밧줄과 지주대와 함께 옆으로 떨어지게 마련이다. 불이 처음 났을 때 승객들이 앞쪽으로 나오려 시도할 수 있었을 텐데도 그 자리에 그대로 머물렀다는 사실 또한 이상했다. 하비처럼 했으면 됐을 텐데 말이다.

만약 하비 말대로 블루벨 호에 불이 났다면 불과 몇 킬로미터 떨어진 곳에 있던 25미터 높이의 등대 망루에서 왜 불길을 보지 못했을까? 그것도 그렇게 칠흑 같은 한밤중에 말이다. 경험 많은 바다

사나이일 것이 분명한 하비는 어째서 북서쪽으로 불과 몇 킬로미터 밖에 떨어지지 않은 그레이트스터업캐이 같은 섬으로 구명정을 몰고 가지 않았을까? 멕시코만류를 따라 표류하거나 식량이 떨어질 것을 염려하며 구명정에 앉아 있는 것보다는 그 편이 훨씬 더 적절한 행동이었을 텐데 말이다. 남동풍은 구명환을 남서쪽에 있는 그레이트스터업캐이로 향하게 하는 데 유리한 바람이었을 터였다. 그러나 하비는 정正서쪽으로 항해한 것 같았다.

그러나 하비의 증언을 반박할 만한 증거는 없었다. 또 믿을 만한 전쟁 영웅이라는 평판을 얻고 있는 하비를 의심할 이유도 없었다. 바버 경비대장은 전에도 하비의 배가 실종된 적이 있다는 사실을 알고 있었다. 하지만 그것은 하비의 과실이 아닌 단순한 사고로 판명되었고 인명 피해도 없었다.

마침내 머독이 하비 쪽을 향해 몸을 돌리고 심문을 시작했다. 그는 하비에게 무선통신을 사용해 도움을 구하려는 시도를 해보았느냐고 첫 번째 질문을 던졌다.

하비 돛대가 넘어질 때 안테나가 망가져버렸습니다.

머독 무선통신을 사용할 시도를 전혀 안 했다는 겁니까?

하비 작동하지 않을 거란 사실을 알았거든요. 그래서 시도조차 안했던 겁니다. 시간 낭비가 될 테니까요.

머독 조명탄을 갖고 있지 않았습니까?

하비 구명정의 구급상자에는 조명탄이 없었습니다. 요트 안에 조명탄이 있긴 했지만 사용하기가 쉽지 않았습니다. 솔직히 말하면 그때는 조명탄을 사용할 생각을 미처 하지 못했습니다.

그토록 절박한 순간에 조명탄을 찾지 않았을 뿐 아니라 '사용할 생각'조차 하지 못했다는 말을 듣고 머독은 어리둥절해졌다. 뱃사람이라면 조명탄에 대해 모르는 사람은 아무도 없다. 설혹 어제 갓 들어온 신출내기 선원이라 할지라도 그런 순간이 닥치면 조명탄을 먼저 떠올릴 것이다. 마치 특별한 소방훈련을 받지 않은 사람이라도 정원의 잔디에 불이 붙으면 호스를 찾아 움켜쥐듯이 말이다. 머독은 하비의 설명이 터무니없다고 생각했다. 하지만 그가 뭔가 악의적인 일을 저질렀다는 증거는 전혀 없었다. 그런데다 하비는 견딜 수 없이 쓰라린 사건을 겪고 겨우 살아남았다. 치열한 전장에서 살아 돌아온 베테랑에게도 그건 쉽지 않은 경험이었을 터였다.

구명정에 돛을 올리지 않은 이유를 묻는 머독의 질문에 하비는 이렇게 설명했다.

"바람이 너무 강했고 난 밤새 완전히 지쳤습니다. 아침에는 구명정에 매단 구명환 탓에 침수할 뻔했습니다. 구명정은 혼자서는 아주 잘 가지만 무언가를 매달면 불안정해집니다. 그리고 정말이지 바람이 너무 강하게 불었어요."

그는 또한 이렇게 덧붙였다.

"게다가 아침부터 돛을 매달고 다니면 지나가던 배가 보고도 한가롭게 항해를 즐기는 중이겠거니 여기며 그냥 지나칠까봐 걱정되었습니다."

하비가 돛을 올리지 않은 것도 머독에게는 이상하게 들렸다. 왜냐하면 그런 상황에서 무엇보다 중요한 건 누군가의 눈에 띄는 일일 테니 말이다. 더구나 흰 돛은 낮은 구명정에 달린 맨 돛대보다도 훨씬 더 눈에 잘 뜨일 것이다. 하비는 또한 그 지역에 대해 잘 알 테고 경험 많은 뱃사람 아닌가? 그렇다면 분명히 어딘가 안전한 항구로 가야겠다는 생각을 했을 것이다. 게다가 돛이 있었다면 구명정은 느리게나마 길을 찾아갈 수 있다. 그렇다면 대책 없이 물에 흠뻑 젖는 편보다 훨씬 더 안정적인 상태가 되며 배 멀미 역시 방지할 수 있다.

반면 머독은 다음과 같은 사실은 인정했다. 시체를 태운 채 구명환을 매단 작은 배에 돛을 올려 전진하는 일은 배가 무거운 해묘(원추형의 저항물－옮긴이)를 끄는 것이나 마찬가지일 것이다. 말하자면 바람이 조금이라도 불면 배를 앞으로 나아가게 하기보다는 넘어뜨릴 공산이 컸다. 따라서 하비 선장의 말이 맞을 수도 있었다.

머독 배 밖으로 던진 카바이드의 마개를 열었습니까?

하비 마개를 찾을 수 없더군요. 하지만 물에 던져야 한다는 것이 기억나서 그냥 배 밖으로 던져버렸습니다.

머독은 어이없어 하는 표정을 지었다. 그 기구는 사용하기 아주 간편할 뿐 아니라 규모가 큰 배를 타고 바다에 나가는 선원들에게는 아주 익숙한 물건이었다. 카바이드는 두 부분으로 이루어진 조명장치다. 위에는 물이, 아래에는 탄화칼슘 덩어리가 들어 있다. 탄화칼슘 위에 물을 천천히 똑똑 떨어뜨리면 가연성의 기체 아세틸렌이 발생해 밝은 빛을 내며 타오르는데, 이는 지금도 바다나 광산 등에서 일어나는 위급한 상황을 알리는 데 널리 쓰인다. 장치의 마개를 열면 부싯돌이 쇠에 부딪히면서 불꽃이 일어난다.

머독이 언급한 마개는 쉽게 눈에 띈다. 지금 머독 앞에 앉아 있는 사람은 경험 많은 선원이자 커다란 요트의 전 주인이다. 또 위기의 순간에 어떻게 대처해야 하는지 누구보다도 잘 알 만한 대단히 노련한 전투기 조종사 출신이다. 게다가 위급한 상황에서 쓰는 인명 구조 장비들에 대해 반드시 지식을 갖추고 있어야 할 선장이다. 카바이드 같은 장비를 배 밖으로 던져버렸다는 하비의 말에 머독은 적잖이 놀랐다.

"선장."

머독이 물었다.

"이런 종류의 배를 몰아본 경험이 얼마나 있습니까?"

하비는 자세를 똑바로 하더니 성난 듯이 말했다.

"난 이런 종류의 배를 1954년부터 직접 소유하고 몰아왔습니다. 바하마를 항해한 경력도 대단히 길고요."

그러니까 하비의 설명에 따르면 자신은 경험 많은 뱃사람이었다. 그 때문에 그의 이야기는 더더욱 이해하기 힘들었다.

하비는 돛대가 무너져 내릴 때 자신이 엔진을 켰고 요트가 뒤집히지 않을 적절한 속도로 배를 몰았다고 했다. 또 승객들에게 '진정하라'고 외치면서 충분한 시간 동안 타륜을 잡고 있었으며 그 뒤 아서에게 타륜을 넘겼다고 말했다. 아서는 피를 흘리기는 했지만 부상은 경미해서 '선을 끊을 만한 도구를 가져올 동안 충분히 타륜을 잡고 있을 만한 상태'였다고 하비는 진술했다.

머독 아서 박사 말고 또 피를 흘린 사람이 있었나요?

하비 내 아내도 피를 흘렸습니다. 확실히 그랬던 것 같아요. 다른 사람들도 피를 흘렸는지는 잘 기억나지 않지만 아마도 그랬을 것입니다.

해안경비대 소속의 다른 중령이 하비에게 물었다.

"불이 난 뒤 아서 박사가 블루벨 호를 바람이 부는 방향으로 몰았습니까? 만약 불이 나지 않았다면 그건 능숙한 선원이 할 만한 적절한 행동이었을 겁니다. 하지만 이 경우에는 불이 아서 박사와 가족의 등 뒤로 향했을 것이고 그렇게 되면 필연적으로 바다로 뛰어들 수밖에 없었을 겁니다. 다시 말해, 사람이라면 본능적으로 그런 상황에서 바람과 불꽃을 피해 타륜을 돌렸을 것이 틀림없다는 이야기입니다."

하비와 해안경비대 모두 당시에는 알지 못했지만, 아서는 결코 풋내기 선원이 아니었다. 앞에서도 밝혔듯이 그린베이와 미시간 호를 다양한 크기의 배를 타고 항해했다. 아서는 커다란 규모의 요트도 숙달된 솜씨로 몰았다. 게다가 그는 해군 훈련까지 받지 않았던가. 그에 더해 위급한 순간에도 대단히 침착하게 상황을 해결한 전력마저 여러 차례 있었다.

"그래요."

하비가 말했다.

"다른 승객들은 불을 피해 뒤쪽으로 향했습니다. 하지만 아서 박사는 타륜을 잡고 꽤 버텼습니다. 그러다 다른 사람들처럼 배를 버리고 바다로 뛰어들었습니다."

하비가 말을 이었다.

"테리 조와 브라이언, 르네는 구명조끼를 입고 있었습니다. 그리고 요트 뒤편 난간에는 구명환 두 개가 걸려 있었습니다. 아마도 어른들은 그것을 쥐고 바다로 뛰어들었을 겁니다. 요트 앞쪽에도 구명환 두 개가 더 있어서 난 그걸 바다로 던졌습니다. 승객들이 제발 발견하길 바라면서요."

머독이 물었다.

"사고가 났을 때 모두 깨어 있었습니까?"

하비가 대답했다.

"예, 모두 깨어 있었습니다. 열한 살 먹은 소녀가 소리를 질러댔습니다. 난 아이를 진정시키려 애썼죠. 악몽이라도 꾼 것 같더군요. 아이는 정신이 없어 보였습니다. 깨어났을 때 완전한 히스테리 상태는 아니었지만 약한 쇼크가 온 것 같았습니다. 밤사이, 그러니까 죽은 소녀를 데리고 바다를 떠내려 올 때 하늘에서 그레이트스터업 캐이의 불빛을 볼 수 있었습니다."

걸프라이온이 하비를 발견한 장소는 등대에서 불과 8킬로미터 떨어진 곳이었다. 몇 가지 늘 하는 질문이 오갔고 하비는 사무실을 나왔다. 이번에는 페그가 증언할 차례였다. 머독은 하비에게 페그의 증언을 듣고 있어도 된다고 말했다. 만약 엇갈리는 진술이 있다면 그 자리에서 반대심문을 하기 위해서였다.

잠시 뒤 바버 경비대장이 놀라운 소식을 가지고 방으로 뛰어들어왔다.

5장

바다를 떠돌던 소녀

하비가 구조되고 3일 뒤 해안경비대에 출두해 자초지종을 설명하는 동안, 블루벨 호가 실종된 지 나흘의 시간이 흐르는 동안, 그리스 화물선 캡틴테오의 이등항해사 니콜라오스 스파키다키스는 북서 해협의 상태를 주시했다. 캡틴테오는 벨기에 앤트워프를 출발해 미국 텍사스로 항해하고 있었고, 스파키다키스는 정찰 임무를 맡고 있었다. 그는 높은 곳에 올라앉아 바다 곳곳에 흩어진 배들을 보고 있었다.

그때 이상하게도 멀리 떨어진 곳에서 물결치는 조그맣고 흰 파도 한 조각이 우연히 그의 시선을 끌었다. 그것은 다른 파도처럼 사라지지 않았다. 별다른 이유 없이 그는 강렬한 태양빛을 피해 눈을 가늘게 찌푸려 가며 계속해서 너무 작아 잘 보이지도 않는 그 작은 점을 바라보았다. 처음에는 작은 파편인 줄 알았는데 자세히 보니 작은 고기잡이배 같았다. 하지만 순간 작은 고기잡이배는 이토록 먼 바다로 나올 수 없다는 사실을 깨달았다. 그는 곧 선장 스틸리아노스 쿠소돈티스를 불렀다.

스파키다키스가 처음 그 배를 봤을 때, 그 작은 배는 화물선의 우현 뱃머리에서 약 1.6킬로미터 떨어져 있었다. 배가 점점 가까이 다가오자 그들은 놀라움에 할 말을 잃었다. 그것은 고기잡이배가 아니었다. 작고 하얀 구명환이었다. 놀랍게도 그 위에는 이 광대한 바다 가운데 홀로 떠 있을 거라고는 도저히 생각할 수 없는 존재가 있었다. 아름다운 금발머리 소녀. 소녀는 고개를 들어 그들을 쳐다보더니 힘없이 손을 흔들었다. 그들은 마치 여자 모세라도 나타난 양 놀라움에 얼어붙어 소녀를 바라보았다. 잠시 뒤 비로소 이런 의문이 들었다. 그녀는 도대체 어디서부터 흘러내려 왔을까?

소녀는 구명환에 팔을 기댄 채 뻣뻣하게 누워 있었다. 무릎을 덮는 길이의 빛바랜 분홍색 반바지와 흰 블라우스를 입었고, 발은 구명환 밖으로 나와 한쪽에서 대롱거리고 있었다. 선원 중 한 사람이 조그마한 구명환에서 위를 쳐다보는 소녀를 사진기에 담았다. 광대한 바다에 떠 있는 소녀는 참으로 작아 보였다. 그녀의 빛바랜 머리카락은 심하게 화상을 입은 야윈 얼굴 위에서 환하게 빛났다. 사진은 곧 전 세계로 퍼져나갔다. 미국 전역의 모든 신문사는 1면 기사로 '바다를 떠돌던 아이'를 다뤘다. 사진이 주는 느낌이 너무나 강렬해서 〈라이프〉는 두 쪽에 걸쳐 그 사진을 실었다. 왼쪽 면에는 구명환 위의 소녀 모습이, 오른쪽 면에는 짙푸른 바닷물만이 있었다.

선장은 배를 멈추고 작은 뗏목을 화물선 옆에 띄우라고 명령했다. 큰 구명정을 사용할 경우, 소녀가 탄 구명환을 치어 뒤집어버릴 수 있었기 때문이다. 선원들은 재빨리 빈 기름통을 한데 묶어 임시 뗏목을 만들어, 그것을 화물선 옆 바다에 내렸다.

갑자기 선장이 서두르라며 소리를 질렀다. 언제부터인가 소녀를 뒤따라온 상어들이 구명환 주위를 돌며 소녀의 발 근처로 점점 다가오고 있었기 때문이다. 선원들이 배의 난간으로 몰려와 소녀에게 구명환에서 뛰어내리지 말라고 소리쳤다.

선원 에반젤로스 칸질라스가 재빨리 뗏목의 노를 저어 구명환으로 다가가 소녀를 들어올렸다. 그의 팔에 안긴 소녀는 힘없이 몸을 늘어뜨렸다. 칸질라스가 화물선으로 다가가자 다른 선원들이 그를 도와 소녀를 갑판으로 끌어올렸다.

소녀의 입술은 부어 있었고 피부는 형편없이 햇볕에 그을렸다. 볼은 푹 꺼졌으며 머리카락은 강렬한 열대의 태양빛에 거의 하얗게 탈색되었다. 눈동자는 흐릿했으며 아무것도 보지 못하는 듯했다. 선원 한 사람이 소녀를 잡고 일으켜 세우려 했지만 소녀는 다리에 힘이 풀려 주저앉으려 했다. 분명 심한 탈수 상태였고 처참한 몰골이었다. 선장이 소녀를 부드럽게 안아 올려 침대가 있는 여분의 선실로 옮겼다. 거친 바다 생활을 하며 살아온 강인한 그리스 선원들이 눈물을 글썽이며 아무 말 없이 성호를 그었다. 잠시 뒤 선원들은 소녀에게 물과 오렌지주스를 조심스럽게 떠먹였다. 그러고는 축축한 수건으로 새빨갛게 익은 몸에서 소금기를 닦아내고 갈라진 입술에 바셀린을 발라주었다.

선장이 말을 걸려 애썼지만 소녀는 반응하지 않았다. 아무것도 보거나 듣지 못하는 듯했다. 선장이 아무리 애원해도 소녀는 혼수 상태에 빠진 듯 전혀 응답하지 않았다. 선장은 그녀가 너무 늦게 발견된 건 아닌지 두려워졌다. 그녀가 어떤 시련을 겪었을지 상상조차 되지 않았다.

"아이야, 이름이 뭐니? 어쩌다 바다에 떠 있게 되었는지 말해줄 수 있겠니?"

선장이 물었다.

"우린 너를 발견했다고 해안경비대에 알려야 해. 이름을 말해주면 네가 아직 살아 있다고 가족에게 알려줄 수 있단다."

마침내 소녀가 반응을 보였다. 힘없이 고개를 가로젓더니 엄지손가락을 간신히 아래쪽으로 향했다. 선장은 이렇게 짐작했다.

'유일한 생존자라는 뜻인 것 같군. 가족은 모두 실종되었거나 목숨을 잃었고.'

선장이 말했다.

"하지만 가족이 살아 있을지도 모른단다. 다른 배가 구조했을 수도 있어."

소녀는 다시 힘없이 고개를 가로저으며 역시 바다를 가리켰다. 아마도 가족이 모두 바다에 빠져 익사했다는 사실을 말하고 싶어하는 듯했다. 메마른 목구멍과 부어오른 입술에서 겨우 흘러나온 가느다란 쉿소리로 소녀는 '블루벨'이라는 한 마디를 내뱉었다.

선장이 다시 물었다.

"혹시 친척이 있니?"

소녀는 고개를 끄덕였다. 선장이 귀를 갖다 대자 작은 소리로 "예"라고 대답했다. 그러곤 쉰 목소리로 자기 이름은 테리 조 듀퍼라울트며 그린베이에 친척이 있다고 간신히 대답했다. 그러곤 다시 의식을 잃었다.

쿠소돈티스 선장은 라디오 뉴스를 듣다가 우연히 하비 선장의 구조 소식을 들은 기억이 났다. 블루벨 호 실종 사건이 자신의 화물선

근방에서 일어났다는 사실은 알았지만 쿠소돈티스는 거기에 그리 신경 쓰지 않았다.

선장은 마이애미 해안경비대에 전보를 쳤다.

구명환 위에 탄 금발에 갈색 눈을 한 소녀를 발견해 구출함. 탈진과 쇼크에 시달리고 있음. 이름은 테리 조 듀퍼라울트. 블루벨 호에 타고 있었다고 함.

이 소식을 듣고 바버 경비대장이 청문회 현장으로 미친 듯이 뛰어왔던 것이다. 그리고 하룻밤 사이에 테리 조는 세상에서 가장 유명한 소녀가 되었다.

하비의 석연찮은 설명을 제외하곤 블루벨 호와 듀퍼라울트 가족에게 무슨 일이 일어났는지 아직 확실히 알 수 없었으나, 이제 적어도 하비 외에 또 다른 생존자가 발견되었다. 블루벨 호를 덮친 재앙 속에서도 테리 조는 살아남았고 그 뒤 4일 동안 바다를 떠돌며 생명을 유지했다. 작렬하는 태양 아래 물 한 모금 마시지 못하고서 말이다. 게다가 그녀가 의지한 조그마한 코르크 구명환은 며칠은커녕 단 몇 시간 동안 바다 위에서 생존하기 위해 고안한 기구였다(쿠소돈티스 선장은 발견 당시 건져 올리지 않았지만 해안경비대가 며칠 뒤 거의 부서진 구명환을 찾아냈다). 그 구명환은 대개 선실 꼭대기에 매달아 놓았다. 그리스 화물선의 베테랑 선원들은 어린 소녀가 겪었을 일을 떠올리며 믿을 수 없다는 듯 고개를 가로저었다.

곧 전보에 대한 응답이 도착했다. 소녀의 건강 상태와 배의 위치, 근처의 바람과 바다 상태를 묻는 내용이었다. 하비가 발견된 장소에 더해 테리 조가 발견된 정확한 위치를 알게 되자 해안경비대는 블루벨 호가 좌초된 지점을 좀 더 정밀하게 가늠할 수 있었다. 사건 당시 바람과 해류만 정확히 계산한다면 배의 잔해와 혹시 있을지 모르는 생존자를 찾는 데 큰 도움이 될 터였다. 물론 사건이 일어난 지 여러 날이 지났기 때문에 생존자가 더 있으리라 낙관할 수는 없었다. 선장은 소녀가 깊은 잠에 빠졌기 때문에 무언가를 더 묻기 위해 깨울 수는 없는 상황이라고 답했다. 그리고 날씨와 바다 상태는 아주 좋다고 덧붙였다.

해안경비대에서 바로 전보를 보내 소녀를 돌볼 의학적 지시 사항을 전했다. 1시 40분경 배로 헬리콥터를 보낼 테니 소녀를 보낼 준비를 하라는 전갈도 왔다.

마이애미에서 날아온 해안경비대 헬리콥터가 요란한 소리를 내며 화물선에 다가와 갑판 위를 맴돌다가 바구니 같은 것을 내려 주었다. 그러는 내내 헬리콥터의 회전날개는 공기를 가르며 커다란 소리를 냈다. 건장한 선원들이 흐르는 눈물에 눈을 깜빡이며 테리 조를 부드럽게 안아 올려 바구니에 싣고 안전하게 묶은 뒤 들어 올리라는 신호를 했다. 바구니가 올라가자 테리 조는 눈을 뜨고 힘없이 미소 지으며 자신을 구해준 선원들을 향해 간신히 손을 흔들었다. 갑판에 서 있는 선원들도 손을 흔들며 작별인사를 했다. 아직도 눈앞에서 벌어진 일을 믿지 못하는 표정이었다.

테리 조의 표류 경로가 주로 서쪽으로 향했다는 사실을 파악한 해안경비대는 곧 다음과 같은 결론을 내렸다. 또 다른 그리스 배인 아시암 역시 지난밤 테리 조의 구명환을 가까이에서 지나쳤을 것이다. 그리고 캡틴테오가 그녀를 발견하기 한 시간 전에도 다른 화물선이 8킬로미터 정도 떨어진 곳에서 테리 조를 발견하지 못하고 지나갔다. 나중에 테리 조는 밤에 어떤 배의 불빛을 보았으며 낮에도 배 몇 척을 보았다고 말했다.

"스파키다키스가 테리 조를 발견한 건 기적 같은 일입니다. 그가 앉아 있던 자리에서 볼 수 있는 최대 거리는 통상 2.4킬로미터 정도에 불과하니까요."

쿠소돈티스 선장이 말했다.

하지만 만약 하비가 걸프라이온 호에 구조되었을 당시 다른 생존자를 찾아야 한다고 강력하게 주장했더라면, 테리 조는 좀 더 빨리 발견되었을지도 모른다. 걸프라이온 호가 하비를 구조했을 때 테리 조는 그에게서 불과 1.6~3.2킬로미터 떨어져 표류하고 있었을 것이다. 하지만 하비의 진술에 따르면 테리 조는 블루벨 호와 함께 바다 속으로 침몰했다. 그렇다면 테리 조는 어떻게 그 조그마한 구명환 위에 몸을 누이게 되었을까? 하비가 침몰해가는 블루벨 호에서 꺼내 바다로 던졌다고 말한 구명도구 가운데 하나를 테리 조가 실제로 바다 위에서 발견한 걸까?

한편 마이애미에 위치한 머시 병원의 프랭클린 버든 박사는 테리 조를 싣고 오는 헬리콥터를 기다리고 있었다. 박사가 귀에 대고 소리를 높이자 테리 조는 이름만 간신히 말한 뒤 다시 눈을 감고 의식을 잃었다. 헬리콥터에서 실려 나와 응급실까지 이동하는 동안 수많은 취재진이 뒤따랐지만 테리 조는 아무것도 의식하지 못했다.

6장

전쟁 영웅의 최후

"그럴 수가!"

테리 조의 기적적인 구조 소식을 들은 하비가 외쳤다. 그는 의자를 뒤로 밀치고 한동안 바닥을 내려다보았다. 그러곤 고개를 들더니 주위를 둘러보며 말했다.

"정말 잘됐군요!"

사람들은 그 말에 고개를 끄덕이다가 다시 이 놀라운 소식에 당황해 고개를 내저었다. 하비는 의자에서 일어나 창가로 가서 분주한 거리를 내려다보았다. 그러곤 몇 초 동안 그 자리에 서서 거리를 뚫어져라 응시했다.

거리에는 주민들을 비롯해 카스트로를 피해 도망 온 쿠바인들,

화려한 티셔츠를 입은 관광객이 뒤섞여 있었다. 비둘기 떼가 큰 무리를 지어 날아다녔고, 한 남자가 귀에 거슬리는 쉰 목소리로 사람들에게 관광버스에 타라고 외치고 있었다. 출렁이는 멕시코만류로부터 불어오는 부드러운 무역풍으로 거리는 하늘하늘 흔들리고 있었다.

하비는 창가에서 몸을 돌려 아무 말 없이 문으로 향했다. 마치 정신이 나간 것 같았다.

"하비 선장!"

머독이 그를 불러 세웠다.

"나머지 진술도 듣고 싶지 않으십니까? 그럴 권리가 있습니다."

하비는 고개를 젓더니 짧게 미소를 지은 뒤 방에서 나갔다. 머독은 그런 하비를 가늘게 뜬 눈으로 꼼꼼히 지켜보았다. 머독과 바버 경비대장은 의미심장한 눈짓을 주고받았다. 잠시 이야기를 나눈 두 사람은 마이애미 경찰국에 전화를 걸기 위해 자리를 떠났다.

머독은 경호원이 테리 조의 병실을 지키는지 물었다. 뭐라고 한마디로 딱 잘라 말할 수는 없었지만 하비의 진술에는 구멍이 너무 많았다. 하지만 하비가 무엇을 숨기는지 알 길이 없었다. 만약 무언가를 숨겼다면 이제 그것이 무엇인지 밝힐 수 있는 사람, 즉 테리 조가 모습을 드러낸 셈이다.

❖❖❖

하비가 해안경비대의 조사를 받고 나온 다음 날, 체크아웃 시간인 12시 직전에 호텔 직원이 객실을 청소하기 위해 마이애미의 분주한 시내에 위치한 샌드맨 모텔의 1호실 문을 두드렸다. 날이 무더웠다. 해안에서 시원한 바람이 불어왔지만 햇볕이 너무 뜨거워 아스팔트가 익을 지경이었다. 북쪽 지방의 추운 겨울을 피해 이곳에 온 사람들을 태운 자동차들이 햇살 좋은 거리를 줄지어 달리고 있었다. 샌드맨 모텔의 작은 수영장에서 투숙객들은 서로 물을 튕기며 웃음을 터뜨리거나 의자에 누워 선탠을 했다.

안에서 아무런 대답이 없자 직원은 문을 열고 방으로 들어갔다. 냉방장치 덕에 시원하고 기분 좋은 공기가 살갗에 닿았다. 그녀는 방에 들어서는 순간 약간 이상한 기운을 느꼈지만 별 신경을 쓰지 않았다. 환기가 잘 안 된 모텔 방 공기에 익숙했기 때문이다.

트윈베드 가운데 침대 하나는 어질러져 있었다. 시트를 걷어내자 작은 핏자국이 눈에 들어왔다. 다 쓴 수건을 치우기 위해 욕실 문을 열었지만 문을 열 수 없었다. 잠긴 것 같지는 않았는데 안에서 커다란 무언가가 문을 막고 있는 듯했다.

욕실 앞에 있으니 이상한 냄새가 더욱 강하게 풍겼다. 갑자기 구역질을 느끼며 그것이 다름 아닌 기분 나쁘게 달큰한 피 냄새라는 사실을 깨달았다. 그녀는 비명을 지르며 매니저를 부르러 방을 뛰쳐나갔다. 매니저까지 합세했지만 뭔가가 문을 막고 있어 욕실 문은 좀처럼 열리지 않았다. 매니저가 경찰에 전화를 걸었다. 전화를 받은 젊은 경찰이 낮 12시 14분경 현장에 도착했다.

건장한 경찰이 욕실 문에 어깨를 갖다 대고 힘껏 밀었지만 문은 조금 열렸다 도로 닫혔다. 경찰이 이번엔 더 세게 밀자 머리 하나를 들이밀 정도의 틈을 벌릴 수 있었다. 욕실 안에는 피범벅이 된 시체가 천장을 바라보며 사지를 뻗고 누워 있었다. 경찰은 자해한 것이 분명해 보이는 시체의 얼굴을 들여다보곤 멍한 표정이 되었다. 경찰은 놀라움에 몸이 굳어버린 것만 같았다. 그러곤 외쳤다.

"줄리앙 하비 선장이에요!"

그는 예전에 마이애미 항을 순찰했기 때문에 이 잘생긴 선장을 아주 잘 알고 있었다. 어쩌면 다른 많은 사람처럼 그를 잘 안다고 생각했다.

경찰의 머릿속에 갑자기 어제 본 장면이 떠올랐다. 해안경비대 건물에서 나온 하비 선장은 길가에 세워놓은 자기 차로 가더니 안에서 서류가방을 꺼냈다. 그러곤 차를 그냥 둔 채 택시를 잡아탔다. 경찰이 본 건 거기까지였다. 그리고 하비는 오전 11시 서류가방과 작은 갈색 종이가방을 들고 탐파에 사는 '존 몬로'라는 이름으로 모텔에 체크인을 한 뒤 위층으로 올라갔다. 그 뒤 그를 본 사람은 없었다.

방 안에 남은 단서를 근거로 경찰은 그에게 무슨 일이 일어났는지 쉽게 짜 맞출 수 있었다.

아침에 하비는 침대에서 나와 평소의 깔끔한 성격대로 빈 위스키병(종이가방에 들어 있던 것은 술이었다)을 휴지통에 똑바로 세워놓았다. 그러곤 책상 앞에 앉아 마이애미에 살고 있는 친구 제임스 부저 앞으로 편지를 썼다. 둘은 공군에서 함께 훈련을 받은 사이였다. 하비는 편지에서 둘째 아들 랭스에 대한 사랑을 표현하며, 마이애미에 사는 한 가족에게 아들을 입양시켜달라고 부탁했다. 하비는 늘 하던 대로 서툰 필기체로 글을 썼다. 글씨는 대학교육까지 받은 공군 장교가 쓴 것이라기보다는 초등학생이 쓴 것처럼 보였기 때문에 그의 깔끔한 성격과 섬세한 태도와 기이하게 대조를 이뤘다.

"나는 불안에 떠는 몰락한 사람이네. 더는 삶을 지속할 수 없어."

그는 이렇게 휘갈겨 썼다.

"난 이제 가려 하네. 난 삶을 사랑하지 않거나 어떻게 살아야 할지 모르는 사람 같아."

편지에 블루벨 호에 대한 언급은 한 마디도 없었다. 하비는 편지를 봉투에 넣고 봉했다. 그러곤 뒤늦게 생각이 났는지 봉투 뒷면에 이렇게 썼다.

"화장한 뒤 바다에 던져주시오."

하지만 잠시 더 생각한 다음 '화장한 뒤'라는 말에 줄을 그어 지운 뒤 '바다에 던져주시오'라는 부분에 밑줄을 쳤다.

하비는 편지봉투를 책상 한가운데에 반듯이 올려놓고, 책상 한쪽에 사진첩을 놓았다. 사진첩에는 삶의 흔적이 담긴 사진들이 들어 있었다. 그리고 옷장에 옷들을 말끔하게 걸어두고, 서류가방은 가방을 얹는 선반 위에 올려놓았다.

경찰은 처음에 하비가 침대에서 자살하려 했다고 판단하고 다음과 같이 추측했다.

하비는 침대머리에 등을 대고 앉아 양날 면도칼로 허벅지의 정맥을 찔렀다. 하지만 피가 침대 시트에 떨어지자 곧 마음을 바꾼 것이 확실했다. 그는 바지를 입고 욕실로 갔다.

그러나 잠시 멈춰 서서 다시 침대 쪽으로 몸을 돌렸다. 그리고 주머니에서 지폐 한 장을 꺼내 베개에 핀으로 고정했다. 아마도 불쾌한 난장판을 목격하게 될 청소부에게 사과하는 의미였으리라. 또 스스로 여전히 장교이자 신사로 여기는, 그리고 남들 역시 그렇게 생각해주기를 바라는 사람의 마지막 행동이었을 것이다.

하비는 욕실로 가다 또다시 멈춰 섰다. 이미 바지에는 피가 흥건했다. 주춤하다가 다시 책상으로 가서 사진첩에서 사진 두 장을 꺼냈다. 둘째아들 랭스와 아내 덴의 사진이었다. 하비는 사진 두 장을 욕실로 가지고 들어가 변기 탱크 위에 조심스럽게 세워놓았다. 차가운 욕실 바닥에 등을 대고 누웠을 때 볼 수 있는 위치였다. 그러고 나서 시작한 일을 마무리했다. 발목과 손목, 팔뚝, 허벅지(이 부분은 아주 깊숙이), 심지어 목 양 옆을 칼로 베었다.

이토록 유혈이 낭자한 장면에 너무 놀란 젊은 경찰은 입을 딱 벌리고 그 자리에 굳어버렸다. 살을 벤 상처가 너무 깊었기 때문에 뼈가 드러나 보였고 허벅지와 몸 전체가 피에 흠뻑 젖어 있었다. 누구도 자살 사건에서 그토록 많이, 그리고 깊이 칼로 벤 시신을 보지 못했을 것이다. 칼을 이용해 자살하는 사람들은 대부분 따뜻한 욕조 안에 누워 손목을 긋고 천천히 숨이 끊어지기를 기다리는 것과 같은 훨씬 덜 잔인한 방법을 택한다. 하지만 하비가 쓴 방법은 이루 말할 수 없이 참혹하고 폭력적이었다.

시신을 본 사람은 누구나 다음과 같은 생각에 빠져들었을 것이다.

'도대체 무엇 때문에 그 모든 끔찍한 고통을 겪으면서까지 이런 식으로 자살한 걸까?'

시신이 너무 잔혹하게 훼손되어서 처음에는 누군가 하비를 살해한 뒤 자살로 위장하려는 서투른 수작을 부린 것처럼 보일 정도였다. 특히 허벅지 상처는 너무나 깊어서 스스로 찌른 것이라고는 도저히 생각하기 힘들었다. 다른 상처들도 끔찍하기는 마찬가지였다. 경찰들마저 한 사내가 작은 면도칼로 자신의 몸을 뼈가 보일 때까지 찌르고, 찌르고, 또 찌르는 모습을 상상하며 몸을 벌벌 떨었다.

게다가 어찌할 수 없는 극심한 슬픔 때문에 이런 식으로 자해했다고도 생각하기 힘들었다. 그러기엔 너무나 잔인하여 마치 무시무시한 고문 현장을 보는 것 같았기 때문이다. 만약 이것이 자살이라면 그는 도대체 자신을 얼마나 증오했던 것일까? 또 그렇다면 무엇 때문에 이토록 자신을 미워하게 된 것일까? 하비라는 인간과 블루벨 호의 실종, 테리 조의 갑작스러운 출현에 대한 의문이 꼬리에 꼬리를 물었다. 하비는 어째서 테리 조가 발견되자 스스로 목숨을 끊었을까? 아내를 포함한 더 많은 생존자가 있을지도 모르는, 희망을 던져주는 상황에서 말이다.

하비가 참혹한 시신으로 발견되자 블루벨 호의 미스터리를 풀기 위한 수사가 본격적으로 시작되었다. 반쯤 죽어가는 한 소녀가 나타나 자신의 주장과 상반되는 이야기를 할까봐 두려운 나머지 자살을 택한 걸까? 그렇다면 소녀가 어떤 이야기를 할 것이라 생각한 걸까?

하비의 친구 부저가 그럴듯한 설명을 내놓았다.

“블루벨 호가 실종된 뒤 하비가 집으로 나를 찾아왔을 때 그는 아내와 듀퍼라울트 가족의 죽음 때문에 쇼크 상태에 빠져 있었고 아주 우울한 모습이었습니다. 그 친구는 내게 ‘죽은 소녀와 함께 구명정에 앉아 있으려니 더 살고 싶은 마음이 사라지더군’이라고 말하더군요.”

하비의 시체를 처음 발견한 젊은 경찰 역시 다음과 같이 말했다.

“하비는 테리 조가 발견되기 전에 이미 자살을 결심했습니다. 아마 아내 때문에 자살했을 겁니다. 둘은 사이가 아주 좋았어요. 내가 그를 안 이래 처음으로 하비는 진정 행복해 보였습니다. 덴은 하비 선장이 늘 원하던 그런 여자였습니다.”

하비와 블루벨 호에서 실제로 무슨 일이 일어났는지 아무도 확실히 알지 못했고, 테리 조 역시 거의 아무런 이야기도 할 수 없는 상태였다. 하지만 곧 하비가 부저에게 청문회에서와 다른 이야기를 했다는 사실이 드러났다. 그 이야기는 하비가 미심쩍은 진술로 무언가 숨기려 한 이유를 설명해주는 듯 했다.

부저는 기자들에게 테리 조가 발견되기 전에 하비가 자살을 결심했다고 주장했다. 하지만 둘은 친구였기 때문에 부저의 주장은 그다지 신뢰를 얻지 못했다. 그러던 어느 날 밤, 부저는 머독 중령에게 동네의 한 교회에서 만나자고 요청했다. 목사도 자리를 함께했다. 부저는 목사가 있는 자리에서 진실 서약을 한 뒤 알고 있는 사실을 진술하고 싶다고 말했다. 부저는 머독이 보는 앞에서 진실만을 말하겠다고 서약했다.

그는 먼저 말을 꺼내기가 쉽지 않았다고 했다.

"지금부터 그 누구에게도 말하지 않겠다고 하비에게 맹세한 이야기를 하겠습니다."

부저가 결심한 듯 입을 열었다.

"나소에서 돌아온 첫날 밤, 하비와 나는 사건에 대해 이야기를 자세하게 나누었습니다. 하비 이야기를 듣고 나는 덴을 마지막으로 본 것이 언제냐고 물었습니다. 그녀가 아서 박사와 함께 선미에서 바다로 뛰어내린 순간이라고 했어요. 바다에 빠진 누군가를 구하려는 것 같았다고 하더군요. 나는 하비가 이 사건에 대해 말하는 걸 모두 세 차례 들었습니다. 자기 아들, 나 그리고 페그 씨에게 이야기했지요. 전체적으로 그의 이야기는 완벽해 보였습니다. 하지만 이런 의문이 들더군요. '어째서 그는 위기 속에서 아무도 도울 수 없었을까?' 하비 이야기에서 몇 가지 모순되는 점을 발견했고, 그의 이야기를 들으면서 페그 씨 얼굴에는 의심스러워하는 표정이 스치더군요. 하지만 난 그를 믿었어요. 여전히 쇼크 상태에서 사건 당시 무슨 일이 일어났는지 정확하게 기억해내지 못하는 것뿐이라고 생각했어요."

부저가 말을 이었다.

"이야기를 듣고 나서 혹시 빠뜨린 부분이 없는지 물었습니다. 그러자 하비는 내 어깨에 손을 올리더니 되풀이해 말하고 또 말하더군요. '왜 그들이 죽었어야 했을까? 내가 죽었어야 하는데!' 그의 목소리에는 후회와 죄책감이 가득 묻어났습니다. 난 하비의 말에서 모순되는 점들에 대해 생각했고 결국 그 문제를 끄집어냈습니다. 그가 어떻게 반응할지 전혀 모른 채 말입니다. 그는 자리에서 일어나더니 침대에 걸터앉았습니다. 나는 방 한가운데에 여전히 서 있었습니다.

내가 물었죠. 흥건한 피를 보고 너무 놀라 응급상황에서 해야 할 일들을 잊어버린 건 아니냐고요. 그리고 다른 승객들이 표류하다 뭍에 닿았거나 어딘가에서 구조되었을 수도 있다고 말했습니다. 생존자가 있다면 그들의 말이 하비의 진술과 일치하기를 바란다고도 말했습니다.

그리고 계속 밀어붙였습니다. 먼저 우리 우정에 대해 이야기했죠. 세계 곳곳을 함께했던 경험에 대해서도요. 그가 늘 나를 신뢰해 모든 것을 털어놓았다는 사실도 상기시켰습니다. 그리고 물었죠.

죄책감을 느끼느냐고요.

그러곤 곧장 직접적인 질문을 던졌습니다. '하비, 어째서 정말로 무슨 일이 일어났는지 내게 이야기하지 않는 건가? 난 자네 친구야. 할 수 있는 한 자네를 돕고 싶다고!'

그러자 하비가 벌떡 일어나 내 눈을 똑바로 쳐다보며 이렇게 말했습니다. '지금 내가 말하려는 내용을 절대로 내 아들 랭스에게 말하지 않겠다고 맹세할 수 있나?' 하비는 그 어느 때보다도 심하게 말을 더듬었습니다. 왼쪽 눈은 똑바로 뜨고 있었지만 오른쪽 눈은 계속 주위를 두리번거리면서 심하게 깜빡였습니다. '큰 돛대가 부러지고 뒷돛대가 사람들 있는 곳으로 쓰러졌을 때, 덴과 아서 박사가 거기에 맞아 배 밖으로 튕겨나갔다네. 갑판에 질펀한 피를 보자 난 제정신을 잃은 나머지 배를 버리고 바다 속으로 뛰어들었다네. 그러곤 뭐가 어떻게 됐는지 잘 기억나지 않아. 그저 어린 소녀를 구명환 위로 끌어올린 기억 말고는. 기억하게, 자넨 내 친구야. 우리 맹세를 잊지 말게나.'

난 하비에게 화재에 대해 물었지만 그는 나를 보지 않는 것 같았습니다. 그는 천천히 침대에 다시 앉더니 눕더군요. 내가 무어라 계속 이야기했지만 그는 아무런 말이 없었습니다. 눈을 감고 있더군요. 그래서 난 그의 발을 침대 위에 올려주고 방을 나왔습니다. 난 꽤 안심이 되었습니다. 그 역시 그랬을 겁니다."

부저의 이야기는 하비의 진술과 많이 달랐지만 하비가 자살한 이유를 훨씬 더 잘 설명해주었다. 그의 이야기는 마치 죽음을 앞두고 한 마지막 고백처럼 느껴졌기 때문이다. 눈앞에서 사랑하는 아내와 듀퍼라울트 가족을 잃었을 뿐만 아니라 위기 속에서 공황 상태에 빠졌고, 겁쟁이처럼 바다 속으로 뛰어들었다. 그리고 누구도 구하려 하지 않았다. 이는 분명 용감하고 영웅적인 전사가 할 만한 행동은 아니었다. 그렇다면 하비는 그날 무슨 일이 있었는지 숨기고 싶었을 것이다.

그는 슬픔에 빠져 있었을 뿐 아니라 후회와 죄책감에 사로잡혀 있었음이 틀림없었다. 뛰어난 공을 세운 전쟁 영웅으로서의 이미지를 생각한다면, 분명 지울 수 없는 깊은 수치심을 느꼈을 것이다. 하지만 그 일을 도저히 견디지 못해 자살 말고 다른 방법을 택할 수 없었을 정도로 하비는 자부심이 강한 사람이었을까? 수치심 때문에 결국 죽음을 택하는 사람들도 물론 있다. 다수의 심리학자들에 따르면 수치심은 스스로를 향한 분노를 낳는다. 그렇다면 자부심 강한 남자 하비는 아내를 잃었기 때문만이 아니라 위기의 순간에 보인 비열한 자기 모습에 절망해 자살을 택했을지도 모른다. 그리고 바로 그런 이유로 그토록 잔인한 방법으로 스스로를 해칠 수 있었을 것이다.

사람들은 부저의 이야기가 하비의 이상하고 미심쩍은 공식적인 증언보다 사태를 더 잘 설명해준다고 생각했다. 블루벨 호의 슬픈 이야기는 그렇게 마무리될 터였다.

7장

그날 밤

그날 밤, 깊고 깊은 바하마 해에서 무슨 일이 일어났건 사건은 하비 선장을 죽음으로 내몰았다. 그리고 이제 그날 밤 실제로 무슨 일이 일어났는지, 그리고 하비의 진술이 사실인지 알려줄 단 한 사람의 생존자가 남아 있었다.

마이애미에 위치한 머시 병원 2층 병실에서 테리 조는 의식을 잃고 누워 있었다. 직원들은 비스케인 만이 한눈에 보이고 바람이 잘 통하는 곳에 그녀의 병실을 마련했다. 하지만 창밖을 흘긋 쳐다본 버든 박사는 테리 조가 깨어나기 전에 건너편 병실로 옮기라고 지시했다. 시선이 육지로 가로막힌 병실에 있으면 피가 흥건한 갑판과 침몰하는 요트, 물 위에 뜬 시체들, 조그마한 구명환 주위를 맴돌던 상어들에 대한 기억이 쉽게 떠오르지 않을 거라는 이유에서였다. 위독한 상황에 놓인 소녀의 생명을 구하려면 감정적인 부분도 충분히 고려해야 했다.

테리 조의 심장은 너무 빨리, 제멋대로, 약하게 뛰었다. 심한 탈수증으로 신장 기능에도 이상이 생겼다. 체온은 너무 높았고 혈압은 아주 낮았다. 구조되었다고 해서 생존이 보장되는 것은 아니었다. 거의 완전히 빠져나간 체액과 전해질을 회복하기 위해 몸속에 포도당과 식염수를 주입했지만, 버든 박사는 36시간이 지나봐야 건강 상태를 정확히 이야기할 수 있다고 말했다. 테리 조의 신체기관이 거의 제대로 작동하지 않는데다 폐렴 증상이 있고 심장의 잔떨림 위험도 도사리고 있었기 때문이다.

테리 조는 인간이 물 없이 견딜 수 있는 최장 기간인 나흘을 보내고도 여전히 살아 있었다. 태양이 내리쬐는 무더운 날 인간이 바다 위에서 3일을 버티는 것만도 대단히 운 좋은 일이다. 따라서 아직도 테리 조의 숨이 붙어 있다는 사실은 그녀의 강인함과 꺾을 수 없는 의지를 증명했다. 박사는 이렇게 말했다.

"난 그녀가 건강을 회복할 거라 믿습니다."

첫날, 의사와 간호사들은 의식을 잃고 누워 있는 테리 조 주위에 둘러서서 고전적인 아름다움이 깃든 얼굴을 바라보았다. 때때로 그녀는 뒤척였고 힘없이 혀를 내밀어 그을리고 갈라진 입술을 핥았다. 이마에 주름이 질 때도 있었고 얼굴을 찡그리기도 했다. 블루벨호가 침몰하던 순간이나 망망대해에 외롭게 떠 있던 나흘간을 떠올리게 하는 악몽이라도 꾸는 모양이었다. 꿈속에서 어떤 무시무시한 일이 일어나는지 다른 사람들은 그저 상상만 할 수 있을 뿐이었다.

어린 테리 조는 빠르게 회복했고 둘째 날에는 의식을 찾았다. 그러나 말은 좀처럼 하지 않았다. 비극적일 것이 분명한 그날의 기억을 다룰 수 있을 만큼 충분히 건강을 되찾기 전까지 의사 역시 아무것도 묻지 않았다. 입술의 부기도 가라앉았고 심한 화상 자국도 점차 엷어졌다.

한 의사는 이렇게 말했다.

"이렇게 심한 탈수증의 경우, 48시간 안에 체액을 회복하지 않으면 생명을 잃게 됩니다."

토요일, 즉 테리 조가 병원에 온 지 이틀째 되던 날, 그리고 하비의 자살 소식이 전해진 바로 그날 테리 조의 체액은 정상이 되었다. pH 농도도 정상이 되었고 신장도 제대로 기능하기 시작했다. 심장 박동 역시 강해져 안정적으로 뛰었다. 목숨은 구했지만 그래도 안심하기엔 아직 일렀다. 테리 조처럼 극심한 탈수증을 겪은 사람 중 많은 이가 구조된 뒤 목숨을 잃었다. 신체기관이 너무 심하게 손상

되어 회복되지 못했기 때문이다.

테리 조는 아침에는 달걀 요리를 약간, 점심에는 칠면조 요리를 조금 먹었다. 11월 19일 토요일에는 정상적으로 식사했다. 테리 조는 먹고, 웃고, 여느 아이들처럼 행동했다. 그녀의 빠른 회복에 버든 박사는 무척 기뻐했다. 이제 육체적으로는 위기 상황을 넘긴 것 같았다. 하지만 정신적으로는 어떨까?

테리 조는 부모님이나 오빠, 여동생의 이름을 결코 입 밖에 내지 않았다. 하지만 그녀는 의사에게 다음과 같은 쪽지를 써서 몇 차례 건네주었다.

"저를 보러 오셨을 때 제가 자고 있으면, 제발 깨워주세요!"

테리 조는 버든 박사가 자신을 보호해줄 사람이라 믿고 전적으로 그에게 의지했다. 어쩌면 그녀는 잠들고 싶지 않았을지도 모른다. 그녀의 꿈속에 도대체 어떤 괴물이 살고 있는지는 모르지만 말이다.

테리 조에게는 다른 걱정거리도 있었다. 가족도 없는데 치료에 들어간 모든 비용을 어떻게 낼 것인가? 혼자서 어떻게 그린베이에 있는 집으로 돌아갈 것인가? 가족을 잃은 지금 누구와 함께 살 것인가? 음식이며 옷은 어떻게 사야 할까? 위스콘신에서 고모와 삼촌이 달려온 뒤에도 그녀는 걱정을 계속했다. 테리 조는 바다 한가운데서 길을 잃고 버려졌기 때문에 그녀가 그러한 걱정을 하는 것은 당연했다. 하지만 그녀는 놀랄 만큼 강하고 용감했다. 그리고 그녀는 결코 혼자가 아니었다. 테리 조가 당한 극심한 고난, 그 과정에서 보여준 그녀의 엄청난 용기와 기개에 깊이 감동한 병원 측은 치료비를 청구할 생각을 하지 않았다. 그 밖에 많은 사람이 그녀 곁에 있었다. 병원 직원들, 그 가운데 특히 버든 박사는 긴 시간을 함께하며 테리 조를 돌봤다. 바다에서 온 가족을 잃고 고아가 된 테리 조 이야기는 전 미국인의 마음을 아프게 했고, 전국 각지에서 위로 편지가 도착했다. 많은 가정에서 그녀를 입양하고 싶다는 뜻을 밝혔다. 버든 박사도 그중 한 사람이었다. 버든 박사에게는 이미 자녀가 일곱 명이나 있었다. 테리 조가 박사에게 애착을 느끼는 것은 우연이 아니었다. 박사 역시 그녀를 마음 깊이 아꼈다.

그리고 또 하나의 생각이 테리 조의 마음을 사로잡고 있었다. 아버지는 어디에 계실까? 그날 밤, 테리 조는 아버지를 보지 못했다. 따라서 아버지의 생사만은 그녀도 알지 못했다(테리 조는 동생의 시신이 발견되었다는 이야기를 전해 들었다). 어쩌면 아버지도 바다로 뛰어들어 기적적으로 바하마 군도의 수많은 섬 가운데 한 곳으로 떠내려가 구조를 기다리고 있을지도 모른다. 나중에 드러난 사실이지만, 테리 조는 어머니와 오빠의 죽음을 알고 있었고, 그 사실을 받아들였다. 하지만 아버지의 생사는 알지 못했다. 그리고 그녀에겐 지금 아버지가 절실히 필요했다.

버든 박사는 테리 조가 사건에 대해 이야기하지 않는다고 걱정하지 않았다.

"준비가 될 때까지 지난 일을 떠올리게 하고 싶지 않습니다. 테리 조가 스스로 결심하기 전까지는요. 난 그녀에게 시간을 충분히 줄 겁니다."

테리 조의 병실은 삼엄한 경비를 받고 있었다. 테리 조가 회복한 뒤에도 마찬가지였다. 의사와 개인 간호사, 그리고 밀워키에서 온 프레드 삼촌과 그린베이에서 달려온 도티 고모 외에는 아무도 병실에 들어가지 못했다. 그러던 어느 날, 버든 박사가 마침내 해안경비대에 연락했다. 테리 조가 사건에 대해 이야기할 준비를 마친 것이다. 모두 기다리던 순간이었다.

해안경비대에서 담당자가 도착했을 때, 그녀는 꽃과 인형에 둘러싸인 채 베개를 받치고 침대에 꼿꼿이 앉아 있었다. 왼팔에는 캡틴 테오의 선원들이 보내준 커다란 금발머리 인형을 안고 있었다(선원들은 테리 조가 아끼던 실제 어린아이 크기의 인형이 블루벨 호와 함께 바다 속으로 침몰했다는 사실을 우연히 알게 되었다). 오른손에는 빗을 들고 탈색된 머리를 빗었다.

테리 조는 아주 당당한 표정으로 미소를 지으며 손님들을 맞았다. 테리 조는 순수와 용기의 결정체였다. 그 모습을 지켜보던 조사관들은 무언가 목구멍까지 울컥하며 올라오는 것을 느꼈다. 그녀는 그런 용기를 품고 도대체 어떤 일들을 헤쳐 왔을까?

버든 박사가 낮은 목소리로 속삭이듯 말했다.

"저 웃음에 속지 마세요. 무슨 일이 일어났는지 아직 다 깨닫지 못하고 있어요."

그러나 사실 테리 조는 아주 많은 사실을 알고 있었다. 단지 혼자서만 간직하고 있었을 뿐이다. 그녀가 고아가 되었다는 사실을 아직 아무도 이야기해주지 않았다. 그녀가 어디엔가 아버지가 살아 있을 거란 희망을 놓지 않았기 때문이다. 캡틴테오 호에서 테리 조는 엄지손가락을 아래로 향하는 동작을 했는데, 이는 가족 모두 죽었다는 사실을 그녀가 인지하고 있다는 사실을 의미하는 것처럼 보였다. 하지만 병원에서 테리 조는 그 일을 결코 이야기하지 않았다. 심지어 고모와 삼촌에게도 이야기하지 않아 누구도 그 일을 물어볼 엄두를 내지 못했다.

그때까지 하비 선장이 침몰하는 배에서 홀로 살아남았다는 사실을 아무도 테리 조에게 알려주지 않았다. 그녀는 하비 선장이 해안경비대에서 어떤 내용을 진술했는지는 물론 그가 자살했다는 사실도 전혀 몰랐다.

병실 문을 닫은 채 바버 경비대장과 머독 중령의 주재 아래 인터뷰가 시작되었다. 테리 조는 의사, 간호사와 함께 있었다. 머독이 부드럽게 물었다.

"테리 조, 바버 경비대장이 몇 가지를 물어볼 거야. 마이크에 입을 가까이 대고 대답해주겠니?"

테리 조는 고개를 끄덕이며 미소를 지었다. 그러곤 낮지만 분명하고도 또렷한 어린아이의 목소리로 가족이 꿈에도 그리던 플로리다로 여행을 떠나게 된 경위와 블루벨 호를 빌린 과정, 그리고 바하마를 향해 떠난 일 등에 관해 이야기했다.

"모든 일이 순조롭게 진행되었고 사고가 있기 전까지 모든 사람이 행복했다는 뜻이니?"

바버가 물었다. 그는 주의 깊게 '사고'라는 중립적인 표현을 썼다. 그렇지 않으면 테리 조가 객관적인 진술을 하는 데 방해를 받을 수도 있고 어쩌면 감정적으로 격해질 수도 있었기 때문이다(실제로 여러 해가 지난 뒤에도 테리 조는 블루벨 호의 비극을 '사고'라는 용어로 표현했다).

"예. 그전까지는 아무 문제가 없었어요."

선장이 다시 이야기를 이었다.

"자, 이제 말하기 조금 힘든 부분일지도 모르겠는데 할 수 있는 한 최선을 다해 그날 밤에 블루벨 호에서 무슨 일이 있었는지 말해 줄 수 있겠니? 네가 본 그대로 말이야. 물론 쉽지 않은 일일 거라는 사실은 충분히 이해한단다."

테리 조는 강하고 또렷한 목소리로 이야기를 풀어놓기 시작했다. 응당 있을 거라 여겼던 감정적 동요는 보이지 않았다. 하비 선장이 모텔 욕실에서 피투성이가 된 채 발견된 뒤 사람들은 그날 대체 무슨 일이 있었는지 궁금해 했다.

블루벨 호가 세상에서 모습을 감추기 전 마지막 날 밤 9시경, 테리 조는 주 선실 뒤에 있는 작은 선실 안으로 먼저 자러 들어갔다. 평소 같으면 여동생 르네와 함께 잠자리에 들었겠지만 그날 밤, 르네는 나머지 사람들과 함께 갑판에 있었다.

한밤중에 테리 조는 곤한 잠에서 깼다. 하지만 (하비의 진술과 달리) 울부짖는 바람소리나 무너진 돛대와 어지럽게 흩어진 삭구에서 나는 소리 때문이 아니었다. 평화로운 잠을 깨운 것은 브라이언의 적막한 비명이었다.

"도와줘요! 아빠, 살려줘요!"

브라이언의 비명과 함께 누군가 달리며 발을 구르는 소리가 짧게 들렸다. 그러곤 누군가가 내는 삐걱거리는 희미한 소리와 평소 배에서 나는 작은 소음 외에는 정적이 감돌았다. 테리 조는 그 자리에 꼼짝도 하지 않고 앉아 몸을 떨며 극심한 혼란을 맛보았다. 너무 두려워 밖에 나가 무슨 일이 일어났는지 볼 수도 없었다. 어쩌면 이 모든 게 그저 악몽인 것 같았다.

몇 분간 자리에 앉아 있었는데(나중에 테리 조는 그 시간을 5분에서 10분 사이로 추정했다) 더는 아무 소리도 들리지 않았다. 그녀는 벌벌 떨며 살금살금 선실 밖으로 나갔고, 주 선실 바닥에 구겨진 듯 쓰러져 있는 어머니와 오빠를 발견했다. 바닥에는 온통 피가 흥건했다.

테리 조는 전에도 사랑하는 존재의 죽음을 경험했다. 하지만 순수한 세계에서, 어린아이다운 순수한 방법으로만 죽음을 목격했다. 나이가 들어 편안히 눈을 감은 할아버지, 차에 치어 죽은 사랑하는 애완견, 숲에서 발견해 엄숙히 장례를 치러준 작은 동물들. 그리고 몇 해 전에는 동생이 어머니 뱃속에서 생명을 잃었다. 하지만 블루벨 호에서 그날 밤 목격한 것은 순순히 받아들이기에는 너무 끔찍한 장면이었다. 테리 조는 어머니와 오빠가 죽었음을 확실히 알았다. 한순간에 덮친 충격과 혼란, 비현실적인 장면 앞에서, 테리 조는 그들의 죽음을 그 자리에서 받아들이려 애썼다. 그건 현실이었으니까. 두 눈을 깜빡이며 서 있던 바로 그 순간, 그녀는 순수하고 안전한 어린 시절을 저 멀리 떠나보냈다. 영원히.

마치 꿈속에서처럼 테리 조는 자신이 갑판 승강구 계단을 천천히 기어 올라가는 장면을 지켜보았다. 두려움에 휩싸인 채 고개를 들어 조타실 안을 들여다보았다. 우현 쪽에 피가 마치 웅덩이처럼 고여 있었다. 그리고 칼도 본 것 같았다. 테리 조는 그 자리에 똑바로 서서 요트 앞쪽을 바라보았다.

갑자기 갑판 앞쪽의 어둠 속에서 하비가 그녀를 향해 달려 나왔다.

"도대체 어떻게 된 거예요?"

하비가 오른쪽 눈알을 소름끼치게 굴리며 가까이 다가왔다. 하비의 얼굴은 가장 끔찍한 악몽에 등장하는 괴물처럼 섬뜩하고 무시무시했다. 하비는 그녀를 계단 아래로 거칠게 떼밀며 굵고 무서운 목소리로 명령했다.

"아래층으로 돌아가!"

테리 조는 쿵쾅거리는 심장을 감싸 안고 겁에 질려 계단 아래로 내려갔다. 비틀거리며 선실로 돌아온 그녀는 다시 한 번 이 끔찍한 현실을 외면하려는 듯 눈을 감았다. 그리고 다시 잠자리로 가 벽에 등을 대고 몸을 벌벌 떨며 움츠렸다. 극심한 두려움과 혼란에 휩싸여 그저 현실을 받아들이려 안간힘을 썼다. 어머니와 오빠의 죽음은 알았지만, 정신적 충격이 너무 심한 나머지 아버지와 여동생의 생사를 생각할 여력이 없었다.

물이 튀기는 소리가 들리는 것으로 보아 테리 조는 선장이 갑판의 피를 닦아내는 게 아닌지 궁금했다.

몇 분 더 지난 뒤 배 밑바닥에서부터 기름 냄새가 나는 물이 선실 안으로 들어와 바닥을 덮기 시작했다. 그러나 테리 조는 여전히 겁에 질려 자리에서 꼼짝도 못하고 딱딱하게 굳은 채 떨고 있었다. 그러는 사이 물은 요트 안을 빠르게 채웠다.

갑자기 문 앞에 하비의 어두운 그림자가 나타났다. 테리 조는 그저 두려움에 눈을 크게 뜨고 지켜볼 수밖에 없었다. 불과 몇 분 전, 그녀는 악마의 눈을 보았고 지금은 얼굴 없는 그림자를 그저 바라볼 뿐이었다. 하비는 손에 무언가를 들고 그녀를 내려다보았다. 그 순간은 마치 영원처럼 길게 느껴졌다. 하비는 아무 말이 없었다. 선실에서 들리는 소리는 하비의 거친 숨소리와 테리 조의 심장 박동 소리 그리고 벽을 철썩이는 물소리뿐이었다. 테리 조는 숨을 너무 참은 나머지 가슴이 아플 지경이었다.

갑자기 하비가 몸을 돌려 선실 밖으로 나갔고, 테리 조는 그가 계단을 올라 갑판으로 돌아가는 소리를 들었다. 그리고 다음 순간, 요트 어디에선가 무언가를 세게 두드리는 듯한 이상한 소리가 들려왔다.

몇 분이나 지났을까? 물은 테리 조의 무릎 높이까지 차올라 누워 있던 매트리스를 덮었다.

이제는 선실 밖으로 나가 그것이 무엇이든 맞닥뜨릴밖에 선택의 여지가 없었다. 갑판 위를 어슬렁거리고 있을, 순식간에 사악하고 두려운 존재가 되어버린 선장을 포함해서.

테리 조는 허리까지 찬 기름 낀 물속을 걸어 계단 쪽으로 걸어갔다. 갑자기 두려운 생각이 머리를 스쳤다. 어두운 물속에서 둥둥 떠다닐 어머니와 오빠의 시신과 부딪친다면? 가까스로 조타실로 향하는 계단 꼭대기까지 올라간 그녀는 이번엔 더욱 큰 두려움에 휩싸여 고개를 들고 주위를 둘러보았다. 뒷돛대 꼭대기에서 흘러나오는 불빛 덕분에 무슨 일이 벌어지는지 알 수 있었다. 요트의 구명정과 고무로 만든 구명환이 바다에 둥둥 떠 있었다.

"요트가 가라앉고 있나요?"

테리 조가 극심한 혼란을 느끼며 소리 질렀다.

"그래!"

하비가 요트 앞쪽에서 나타나 그녀의 등 뒤에서 외쳤다. 하비가 다시 달려와 미친 듯이 소리를 질러대며 줄을 테리 조의 손에 쥐어주며 말했다.

"자, 이걸 붙잡고 있어!"

충격과 공포 때문에 뻣뻣하게 굳어버린 그녀의 손에서 줄은 스르

륵 빠져나갔다.

하비가 급히 앞으로 달려갔다. 테리 조는 그가 어디로 달려가는지 알 수 없었다. 요트는 침몰 직전이었고, 하비가 손에 쥐어준 것은 구명정의 줄이었다. 그녀가 줄을 놓치는 바람에 하비는 블루벨 호를 탈출하려는 순간 곤경에 빠진 게 분명했다. 하비가 다시 달려와 울부짖었다.

"구명정이 떠내려가버렸잖아!"

구명정은 침몰하는 블루벨 호를 떠나 어두운 바다 위를 천천히 떠내려가고 있었다. 완전히 물에 잠긴 갑판 위에 그녀를 버려두고 하비는 아무 말 없이 바다 속으로 다이빙해 들어갔다. 하비는 구명정을 향해 헤엄쳤다. 하지만 어두운 탓에 테리 조는 그가 구명정을 따라잡았는지는 확인할 수 없었다.

테리 조는 타잔놀이를 하고 숲 속에서 서바이벌 게임을 즐기던 그린베이 출신 소녀다. 놀랍게도 테리 조는 그 순간 패닉 상태에 빠지지 않았고 냉철한 머리로 그곳에서 살아나갈 방도를 찾았다. 나중에 테리 조는 이렇게 이야기했다.

"오빠의 비명에 잠에서 깨어난 이후 난 줄곧 나에게서 떨어져 나와 내가 하는 동작을 스스로 지켜보고 있다는 느낌을 받았어요."

이런 현상은 극심한 위기상황에서 종종 나타난다. 어쨌든 이 어린 소녀는 갑작스레 닥친 악몽처럼 비현실적인 끔찍한 사건 앞에서 패닉 상태에 빠져 속수무책으로 앉아 있는 대신 살아날 길을 찾는 데 집중했다. 그리고 주 선실(그곳은 아직 가까스로 물 밖에 나와 있었다) 꼭대기 오른편에 달려 있는 타원형의 조그마한 흰색 구명환을 기억해냈다.

테리 조는 물에 잠긴 갑판을 지나 구명환을 향해 기어 올라갔다. 구명환을 고정한 매듭을 보고 푸는 방법을 재빨리 파악했다. 테리 조는 정신을 똑바로 차리고 차분히 움직였다. 양쪽 끈을 조심스럽게 당겨 매듭을 푼 뒤 구명환을 느슨하게 했다. 구명환을 완전히 분리했을 때, 갑판은 바다 속으로 깊이 내려앉고 있었고 요트에서 떨어진 큰 돛이 갑판 위에서 펄럭이고 있었다. 테리 조는 반쯤은 기고, 반쯤은 수영하며 무너진 돛을 지나 요트 밖 바다에 닿을 때까지 구명환을 밀었다. 그리고 조그마한 구명환 위로 기어올랐다. 구명환은 망망대해에서 그녀를 구해줄 유일한 수단이었다. 하지만 구명환에 매달린 줄이 가라앉는 요트에 걸렸다. 숨 막히는 긴장감이 감돌았고 그녀를 태운 구명환은 뒤집어지려는 블루벨 호와 함께 물속에 빠졌다. 하지만 어찌된 일인지 줄이 요트에서 떨어져 나왔고 테리 조는 다시 물 밖으로 나왔다. 귀신이라도 나올 듯 캄캄하고 외로운 세계로. 그녀는 구명환 위에 몸을 낮게 붙이고는 하비를 떠올리며 두려워했다. 불과 몇 분 전 하비는 블루벨 호에 있었고 지금도 어디선가 나타나 그녀를 찾아낼지 모를 일이었다.

다시 병실 안. 바버 경비대장이 테리 조에게 물었다.

"잠에서 깨어나 비명을 들었을 때 그 비명은 누가 지른 거였지?"

"오빠요."

"오빠가 왜 비명을 질렀는지 혹시 아니?"

"아니요."

"처음 잠에서 깼을 때 누군가 달리면서 발을 구르는 소리를 들었다고 했지? 위층 갑판에서 나는 소리였니?"

"아니요. 그 소리는 내가 누워 있던 선실 오른편에 있는 주 선실에서 난 것 같아요. 거기서 엄마와 오빠가 피투성이가 된 채 뒤엉켜 있었어요."

"네가 누워 있던 선실에 들어왔을 때 하비 선장의 손에 들려 있던 게 무엇이었니?"

"아마 엽총이었던 것 같아요. 배에는 엽총이 있었어요. 확신할 순 없지만 엽총이었던 것 같아요."

질문이 오가는 동안 테리 조는 초롱초롱한 눈으로 적극적으로 응답했다. 입술은 여전히 부어 있었고 화상을 입은 얼굴엔 기름진 연고 자국이 보였다. 말씨가 부드럽고 잘생긴 바버 경비대장은 다시 질문을 던졌다. 그는 처음부터 끝까지 테리 조에게 매우 다정하게 대했고, 질문과 질문 사이를 빠르게 오갔다. 그녀가 고통스러운 기억에 빠질 틈을 주지 않기 위해서였다.

여행하는 동안, 사건이 일어나기 전까지 하비 선장은 누구와도 다툼을 일으키지 않았다고 테리 조는 말했다. 그날 밤 이전에는 하비 선장이 화를 내는 모습도 본 적이 없었다. 그녀가 기억하는 한 하비 선장은 주로 아버지 아서와만 이야기했다. 테리 조는 그와 처음 인사를 나누었을 때 외에는 이야기를 나눈 적이 거의 없었다. 하지만 나중에 그녀는 언젠가 하비 선장의 불량하고 끈적거리는 눈빛을 본 적이 있다는 사실을 떠올렸다. 그 눈빛은 왠지 모르게 오싹한 느낌을 주었지만 다가올 모험에 잔뜩 흥분한 테리 조는 그 일을 곧 잊어버렸다. 그런가 하면, 조사관들에게 진술하지는 않았지만 또 한 번 불쾌한 장면이 있었다. 바하마의 한 섬에서 수영복을 입고 얕은 물가에 서 있을 때 하비 선장은 테리 조를 뚫어지게 쳐다보았고, 그녀는 그 눈길에서 불편한 감정을 느꼈다.

다른 질문에 답하면서 테리 조는 어머니와 오빠가 어떻게 피투성이가 되어 쓰러져 있었는지 모른다고 진술했다. 그들 주위에서 몽둥이나 다른 무기를 보지 못했다고도 했다.

주 선실에 어머니와 오빠가 쓰러져 있는 장면을 보자마자 테리 조는 그들이 죽었다는 사실을 알았고, 갑판을 향해 계단을 타고 올라갔다. 하비 선장이 요트 앞쪽에서 손에 들통 같은 것을 들고 그녀를 향해 달려왔다.

"선장에게 뭘 하고 있느냐고 물어봤니? 그리고 엄마와 오빠에게 무슨 일이 일어났는지도?"

바버가 물었다.

"아니요. 난 그저 '무슨 일이죠?'라고 물었고 선장은 '아래로 내려가 있어!'라고 말했어요."

"그 말을 했을 때 선장이 화가 나거나 흥분한 것 같았니?"

"정말로 화가 많이 난 것 같았어요."

테리 조는 갑판 위에서 선장 외에 누구도, 즉 아버지와 여동생, 하비 부인을 보지 못했다고 말했다. 바다는 한치 앞도 안 보이게 완전히 캄캄했지만 갑판에는 빛이 있었다. 그래서 타륜을 잡고 있는 사람이 없다는 사실을 확인할 수 있었다. 습한 바람 때문에 돛대 밧줄이 살랑살랑 흔들렸지만, 바람이 강하지 않아 요트는 순조롭게 나아갔다.

"선장이 왜 화가 났다고 생각하니?"

"아마 위쪽에서 내가 보지 않았으면 하는 일이 일어났던 것 같아요. 손으로 나를 밀어 아래로 내려가게 했어요."

(요트 앞쪽은 하비가 묵던 선실로 향하는 승강구가 위치한 곳이다. 결국 하비는 다음 두 가지 사실을 숨긴 셈이다. 자신의 아내와 테리 조의 아버지에게 어떤 일이 일어났는가? 르네는 어떻게 목숨을 잃었는가?)

"선실로 돌아와 그곳에 얼마나 있었니?"

"15분 정도였던 것 같아요."

"그리고 밖에서 무슨 소리가 나는지 듣고 있었고? 무척 무서웠겠구나."

"예."

"그 15분 동안 평소와 다른 이상한 소리를 들었니?"

"아니요."

이제 바버는 하비 선장의 진술에서 가장 핵심적인 부분에 관해 질문해야 했다. 갑자기 폭풍이 불어와 큰 돛대가 부러졌다는 이해하기 힘든 이야기에 대해 말이다. 그리고 큰 돛대가 갑판을 덮치면서 뒷돛대마저 무너져 내려 갑판과 조타석이 엉망진창이 되었다는 이야기도.

"큰 돛은 주름져 있었어요. 돛은 기울어졌고요. 확실히 기억나지는 않지만 뒷돛대는 서 있었던 것 같아요."

"네 말은 그러니까 돛대는 모두 서 있었지만 돛은 느슨했다는 말이구나. 맞니?”

“예. 돛대는 서 있었어요.”

“돛대가 상하거나 부러지지 않았다는 이야기니?”

“예.”

“돛대는 대부분 돛을 올린 상태에서 바람이 돛을 팽팽하게 부풀리면 약간 기울어지게 마련이란다. 네 생각에 돛대가 평소보다 좀 더 기울어져 있었던 것 같니?”

머독 중령은 그 뒤 몇 년 동안 이 사건을 조사하면서 다음과 같은 결론을 내렸다. 하비는 블루벨 호가 폭풍 때문에 심하게 망가졌다는 인상을 주기 위해 돛대를 튼튼히 받치고 있던 밧줄 일부를 일부러 끊었을 것이다. 그 때문에 돛대는 실제로 기울었을 테지만 테리 조가 눈치 챌 만큼은 아니었을 수 있다. 그리고 하비가 큰 돛을 서둘러 내린 것이 확실해 보였다. 요트를 빨리 침몰시키고 자신은 구명정을 타고 달아나려 한 것이다.

“전에도 배를 타 보았니?”

“이번이 처음이었어요.”

사실 테리 조는 이런 식의 크루즈 여행은 처음이었지만 배 자체는 이전에도 여러 번 타보았다.

“돛배를 타고 갈 때, 바람 때문에 돛은 느슨한 상태로 있지 않고 팽팽해지지. 내 말이 무슨 말인지 이해하니?"

"예."

"자, 그날 밤 맨 처음 갑판에 올라갔을 때 돛이 느슨하게 움직이고 있었다고 했지?"

"예."

"큰 돛이 조금 내려와 있었니? 아니면 그냥 돛만 느슨하게 움직였니?"

"내려와 있었어요."

"테리 조, 갑판 위에서 무언가를 봤니? 무슨 일이 있었다는 걸 보여줄 만한?"

"피를 봤어요."

"피를 어디서 봤지?"

"조타실 근처의 갑판에서요."

"방망이나 아니면 방망이 대용으로 썼을 만한 걸 갑판 위에서 보았니?"

"아니요."

"한 번이라도 총소리를 들은 적 있니?"

"아니요."

"하비 선장 말고는 갑판 위에서 아무도 보지 못했다고 했지? 그리고 갑판에서 피를 보았고. 만약 갑판에 누가 있었다면 볼 수 있는 상황이었니?"

"아마 그랬을 거예요. 빛이 환했으니까요. 돛 꼭대기에 불이 켜져 있었어요."

테리 조는 갑판으로 이어지는 계단 위에 서서 배 전체를 거의 볼 수 있었을 것이다. 따라서 이는 하비가 아서 박사와 자신의 아내를 살해해 바다에 던졌거나 앞쪽 선실에 두었을 거란 추측이 가능하다. 그 밖에는 마땅한 장소가 없었다. 만약 범죄 사실을 숨기고 싶었다면 시신을 앞쪽 선실에 두었을 것이다. 심하게 부상당한 시신이 바다를 떠돌다 발견이라도 된다면 곤란해질 것이므로. 이제 남은 의문점은 다음과 같은 것들이었다. 르네는 어디에 있었을까? 르네가 이미 목숨을 잃은 상태였다면, 그녀는 어떻게 죽었으며 시신은 어디에 있었을까? 만약 그때까지 살아 있었다면 어느 곳에 있었을까? 어째서 테리 조는 어디서도 르네를 보지 못했을까?

"배가 항해를 하면 돛대 위에 항상 불이 들어온단다. 네가 본 것도 그 불이니?"

"예."

머독이 말한 불은 어두운 밤에 다른 배의 눈에 띄도록 돛대 꼭대기에 켜두는 불을 뜻했다. 그런 불은 갑판을 환하게 비추도록 설계

되지 않는다. 따라서 돛대 꼭대기 근처에 갑판을 향해 빛을 비추는 등이 붙어 있었을지도 모른다. 또는 요트 안에 많은 등불이 있었을 수도 있다. 블루벨 호와 같은 비싼 배에는 밤에 갑판을 비출 수 있는 조명이 많이 달려 있을 수 있기 때문이다. 또 등불이 어디에 있든 상관없이 만약 빛이 돛대 위에서 갑판으로 내리비췄다면 돛대가 손상되지 않았다는 사실이 자명했다.

"요트에서 불이 난 걸 보았니? 아니면 불이 났던 흔적이라든가?"

"아니요. 하지만 기름 냄새 같은 게 심하게 났어요."

"불이 난 것은 단 한 번도 보지 못했단 말이니?"

"예. 확실해요."

"연기 냄새 같은 걸 맡은 적도 없니? 불이나 연기가 어떤 냄새인지 구분할 수 있지? 불이 난 것 같은 냄새는 전혀 나지 않았다는 거로구나?"

"예."

뒤이은 질문에 답하면서 테리 조는 두 번째로 갑판으로 나갔을 때 일을 아주 자세하게 진술했다. 구명환의 줄을 풀어 블루벨 호에서 탈출했을 때 상황, 물결에 떠내려 오면서 구명정을 탄 하비 선장이 같은 방향으로 오지나 않을까 걱정했다는 것 등을 말이다. 어둡고 적막한 바다를 떠다닐 때, 소나기가 짧게 몇 차례 내렸고 컴컴한 바다 표면에 섬광이 번쩍하기도 했다.

진술이 계속되면서 테리 조가 점차 피로를 느끼고 신경이 예민해졌기 때문에 버든 박사가 심문 중간에 끼어들어 진찰을 했다.

"인터뷰 과정에서 받은 스트레스 때문에 심장박동이 다시 불규칙해졌어요. 안정을 취해야 합니다."

테리 조는 아직 완전히 회복하지 못한 것이다. 조사관들은 의사의 설명을 듣고 철수했다.

테리 조의 이야기는 실로 충격적이었다. 그녀의 진술은 머시 병원을 넘어 마이애미와 그린베이 지역 그리고 미국 전체를 커다란 충격에 빠뜨렸다. 하비는 죽었다. 폭풍 따위는 없었다. 그는 단순한 겁쟁이가 아니었다. 블루벨 호에서 살인사건이 일어났음이 점점 확실해지고 있었다.

8장

표류, 96시간

영원하신 아버지여, 우리를 구원할 분이여
쉼 없는 파도 가운데 강한 팔로 붙드시네
바다 저 깊은 곳까지 속속들이 아시는 분
당신을 향해 울부짖을 때 들으소서
깊은 바다에서 허우적댈 때 귀를 기울이소서
영원한 아버지, 우리를 구원할 분이여

-해군 찬송가

테리 조가 처음 발견되었을 때 이 가엾은 '바다 고아'가 홀로 망망 대해에 떠 있게 된 사연을 아무도 알지 못했다. 그리고 구조된 뒤에도 며칠 동안 그녀는 말을 할 수 있는 상태가 아니었다. 어쩌면 테리 조는 하비가 묘사했던 재난에서 살아남아 어둠 속에서 표류해왔는지도 모르는 일이었다. 다행스럽게도 하비가 바다로 던져준 구명환 하나에 의지해서 말이다.

무슨 사연이 있었든 그녀는 무려 나흘 동안이나 아무것도 먹지도 마시지도 못하고 혼자 바다에 떠 있었다. 낮에는 태양빛에 달궈지고 밤에는 심한 추위에 떨면서. 그건 정말이지 생각만 해도 끔찍한 일이었으리라. 구명환을 타고 블루벨 호를 탈출하기 불과 1시간 전까지만 해도 테리 조는 아름다운 요트의 편안한 잠자리에서 곤히 자고 있었다. 사랑하는 가족에게 둘러싸인 안전하고 평화로운 장소에서 그녀는 마냥 행복했다. 게다가 용감한 전쟁 영웅이 가족 모두를 지켜주지 않았던가!

그런데 갑자기 현실이라 믿기 힘든 끔찍한 일들이 벌어졌다. 어머니와 오빠가 죽었고, 배는 가라앉기 시작했다. 그리고 얼마 뒤 두려움에 온몸이 굳어버린 이 어린아이는 심원한 바다 한가운데 완전히 홀로 남겨졌다. 작고 보잘것없는 타원형 코르크 구명환에 의지한 채 말이다. 크고 웅장한 블루벨 호에서 가족과 함께하던 안전한 세계는 순식간에 작고 초라하며 금방이라도 부서져버릴 것 같은 코르크 구명환으로 변했다.

역설적이게도 그 순간 테리 조의 세계는 한없이 확장되었다. 눈앞에 펼쳐진 끝없는 바다와 무궁한 하늘까지 말이다. 테리 조는 하비 선장의 손아귀에서 벗어났고 침몰하는 배에서 탈출했다. 하지만 이제 그녀를 천천히 죽음으로 이끌 탈수증이 찾아들었고, 바다 깊은 곳에서 상어 떼가 출몰할 터였다. 그리고 지금 그녀가 여기 있다는 사실을 아무도 알지 못했다.

테리 조는 망망대해에 한 조각 점처럼 홀로 떠 있었을 뿐 아니라 이제 고아가 되었다. 아버지와 여동생이 블루벨 호에서 기적적으로 탈출해 살아남지 않는 한 그녀는 세상에 혼자 남았다.

먹을 음식과 물도 없었고, 살을 에는 밤의 추위와 불타오를 듯한 낮의 더위를 피할 만한 이렇다 할 옷가지도 없었다. 그저 무심한 바다에 몸을 맡기고 그렇게 떠 있을 수밖에 다른 길이 없었다. 창백한 달이 지고 육중한 구름이 하늘을 뒤덮자 밤하늘에는 별 하나 보이지 않았다. 완전한 어둠 속에서 그녀는 그저 바다를 듣고 느낄 수밖에 없었다. 게다가 하비 선장이 무시무시한 눈으로 어디선가 나타나지 않을까 두려웠다. 캄캄한 어둠 속에서도 혹 하비 선장의 눈에 띌까봐 몸을 숙이고 꼼짝도 하지 않으며 긴 밤을 보냈다. 그녀는 하나님께 자신을 보호해달라고 간절히 기도했다. 너무나 무서운 나머지 눈도 제대로 뜨지 못하고 중얼거리는 그녀의 귀에 마치 유령의 울부짖음 같은 바람소리가 들려왔다.

불과 하루 만에 바하마의 바다는 그 모든 즐거움과 아름다움을 잃고 그저 광대하고 어두운, 세상에서 가장 외로운 공간이 되어버렸다. 파도가 보잘것없이 조그마한 구명환 위에서 부서졌고 소금기 가득한 바닷물이 얼굴을 덮쳤다. 갑작스러운 열대성 폭우에 흠뻑 젖어 견딜 수 없는 추위도 맛보았다. 하지만 폭우가 얼굴에서 소금기를 씻어내주었다. 혀를 내밀어 입 주위의 빗방울을 핥을 수도 있었다.

테리 조는 흰색 블라우스와 무릎을 덮는 분홍색 얇은 반바지 외에는 몸을 보호할 장비를 전혀 가지고 있지 않았다. 그러나 역설적이게도 그날 밤의 끔찍한 광경이 남긴 충격은 테리 조가 바다 위에서 살아남는 데 도움을 주었다. 이미 극심한 쇼크 상태에 빠진 나머지 현재 직면한 새로운 공포에 무감각해질 수 있었기 때문이다.

밤새 테리 조는 흔들리는 물결 위에서 조그만 구명환에서 떨어지지 않으려고 안간힘을 썼다. 구명환의 그물이 물 표면보다 5~7센티미터 낮았기 때문에 그녀는 늘 물 위에 앉아 있었다. 하지만 물이 따뜻했기 때문에 차가운 공기를 견디는 데 도움이 되었다. 그래도 추위와 두려움, 충격적인 기억 탓에 몸이 뻣뻣하게 굳어갔고 몸을 움직일 수 없게 될까봐 걱정되었다. 어둡고 심원하며 끝없이 펼쳐진 바다와 무시무시한 하비 선장의 눈동자에서 그녀를 지켜주는 것이라고는 작고 초라한 구명환뿐이었다. 머릿속에 이런 질문이 떠올랐다. 아버지는 어디에 계실까? 어쩌면 어딘가에 살아계실지도 모른다. 간절한 바람은 기도로 변해 자신과 아버지, 동생을 보호해달라고 신에게 기도하고 또 기도했다.

어느덧 구름이 모두 걷혔다. 고개를 들자 금방이라도 쏟아질 듯 반짝이는 무수한 별들이 눈에 들어왔다. 그 광경을 보자 비현실적일 만큼 끝없이 펼쳐진 하늘과 바다의 광대함이 더욱 생생하게 느껴졌다. 붙잡을 거라곤 아무것도 없이 홀로, 마치 우주와 같은 끝없는 어둠 속을 떠내려가는 낯설고 이상한 꿈을 꾸는 기분이 들었다. 테리 조는 끊임없이 하나님에게 말을 걸었고 극심한 혼란과 싸우려 발버둥쳤다. 작은 구명환은 테리 조를 태우고 넘실대는 파도를 따라 바다를 떠돌아다녔다. 새벽에 한 줄기 빛이 비춰들기 전까지 그 시간은 마치 영원처럼 길게 느껴졌다.

월요일 아침, 햇살이 쏟아지자 테리 조는 한밤의 악몽에서 깨어나는 것 같은 기분이 들었다. 어둠이 걷히고 밝은 빛 속에서 세상을 보자 다시 현실로 돌아온 것처럼 느껴졌다. 하지만 또한 빛 때문에 자신이 얼마나 위험한 상황에 홀로 놓여 있는지 확실히 깨닫기도 했다. 오감이 그 사실을 말해주었다. 하지만 다행히 하비 선장은 보이지 않았다. 그러자 두려움이 가시면서 마음이 한결 편안해졌다. 물속에 잠긴 발에 무언가가 자꾸 채였지만 쇼크로 무감각해진 탓에 두려움은 점차 무뎌졌다. 블루벨 호에서 목격한 악몽 같은 장면과 공포로 가득 찬 바다 위에서 보낸 하룻밤에 비해 그녀의 상황은 (이상하게 들릴지도 모르지만) 확실히 나아졌다.

보이는 것이라곤 끝없이 펼쳐진 황무지 같은 바다뿐이었다. 바다와 너무 접해 있다 보니 아주 짧은 거리밖에는 눈에 들어오지 않았다. 테리 조는 조그마한 구명환 위에서 몸을 지탱하기 위해 애썼다. 사실 구명환은 그렇게 긴 시간 앉아 있도록 만들어진 것이 아니었다. 몸을 조금만 잘못 가누어도 구명환이 뒤집어질 것 같았다.

아침 햇살은 밤사이의 추위를 몰아냈고 처음엔 기분이 아주 좋았다. 하지만 곧 태양이 더 큰 위험을 가져온다는 사실을 깨달았다. 시간이 갈수록 열기가 더해졌고 그늘 한 점 없는 바다의 온도는 급격히 치솟았다. 아무런 보호 장비를 갖추지 않은 피부 위로 타는 듯한 햇살이 와 닿자 견딜 수 없이 따가웠다. 테리 조는 구명환의 그물 위로 몸을 깊숙이 가라앉혀 열기를 식히려다 그물 한 코를 찢어뜨리고 말았다. 시간이 갈수록 그물은 점점 망가져갈 터였다.

게다가 찢어진 그물 사이로 입이 뾰족한 물고기들이 다리를 공격해왔다. 물고기들은 테리 조를 쉴 새 없이 따라다니며 두려움에 빠뜨렸다. 화가 머리끝까지 난 그녀는 무서움도 잊고 격렬하게 발길질을 하며 고기들을 쫓았다. 하지만 그런 행동은 바다 깊숙이 숨어 있는 훨씬 더 위험한 존재의 신경을 건드릴 수 있었다.

환한 빛 때문에 깊은 바다 속에서도 분명 그녀의 실루엣이 보였을 것이다. 그런데 이상하게도 테리 조는 한 입에 자신을 삼켜버릴 수 있는 상어에게 두려움을 느끼지 않았다.

강한 햇볕에 달구어진 소금기 많은 바닷물은 피부에 화상을 일으켰고 입가에 말라붙은 소금 때문에 갈증은 점점 심해졌다. 얄팍한 옷은 몸을 보호하는 데 별다른 도움이 되지 않았고, 머리를 가릴 것이라곤 숱 많은 금발머리뿐이어서 뇌가 익어버릴 것 같았다. 불타는 태양 아래서 너무도 고통스러웠다.

첫째 날 오후 무렵, 체액이 피부와 호흡을 통해 증발했다. 탈수증이 심해져 몸의 화학적 균형이 곧 깨지기 시작할 것이다. 저 멀리 하늘에서 무역풍에 실려 흰 구름이 몰려왔다. 하지만 비를 품은 구름은 아니었다. 아무것도 먹지 못하고 수분을 잃어갔지만 테리 조는 허기나 갈증을 그다지 느끼지 않았다. 하지만 침이 말라갔고 목은 타들어갔으며 체온이 오르기 시작했다. 두려움도, 허기도, 갈증도 느끼지 못했다는 사실은 테리 조가 심한 쇼크 상태에 있었음을 증명한다. 하루나 이틀 안에 그녀는 혼수 상태에 빠질 수도 있었다.

구명환이 뒤집히지 않더라도 3일이면 바다 위의 가엾은 고아는 분명 목숨을 잃을 것이다. 아니면 상어에게 먹히던가.

테리 조에겐 오직 몸뚱이 하나와 목숨을 부지하려는 강한 의지뿐이었다. 사실 바다에는 먹을 것들이 많았다. 하지만 손에 넣을 방법이 요원했다. 물 위를 떠다니는 해초를 먹을 수도 있었겠지만 테리 조는 소금기가 있는 무언가를 입에 넣고 싶지 않았다. 절실한 건 한 모금의 식수였다. 첫날, 멀리서 배 한 척이 보였지만 그녀를 발견하지 못했다. 그 후에도 몇 척의 배가 지나쳐 갔다.

해가 지자 짧은 순간, 뜨겁지도 춥지도 않은 상태가 되었다. 하지만 해가 완전히 넘어가자 다시 살을 에는 듯한 추위와 밤의 공포가 엄습했다. 테리 조는 용케 잠이 들어 집으로 돌아가 다이빙과 수영을 즐기는 꿈을 꾸다가 다시 황량한 바다 한가운데서 눈을 떴다. 한번은 구명환에서 떨어졌지만 다행히 한쪽 손으로 구명환 가장자리를 잡고 다시 올라탔다. 두려움에 몸을 떨며 가까스로 구명환 위에 올랐지만 그물 한 코가 더 찢어지고 말았다.

부서져가는 그물 위로 균형을 잡기 위해 몸을 뒤척일 때 멀리서 등대의 불빛이 보였다. 그러자 온몸에 순식간에 기운이 솟아나는 걸 느꼈다.

그날 밤, 테리 조는 파도가 바위에 부딪히는 소리를 들은 것 같았다. 하지만 바람과 파도에 밀려 섬 근처까지 떠내려 왔을 리는 만무했다. 어쩌면 그건 환영이거나 꿈이었을 것이다.

둘째 날에는 몇 차례나 머리 위로 비행기가 날아다녔다. 그때마다 테리 조는 손을 흔들었지만 비행기들은 저 높이서 똑바로 날아 그녀를 지나쳐 갔다. 붉고 작은 비행기 한 대가 그녀의 머리 위를 앞뒤로 움직이며 서성였다. 그러곤 원을 그리며 빙빙 돌았다. 테리 조는 한참 동안 비행기를 바라보며 손을 흔들다가 나중에는 블라우스까지 벗어 흔들었다. 순간, 비행기는 마치 무언가를 발견하기라도 한 것처럼 테리 조가 있는 쪽으로 곤두박질쳤다. 테리 조는 미친 듯이 손을 흔들었고 가슴은 희망으로 쿵쿵거렸다. 비행기는 대단히 가까이 다가왔지만 조종사는 결국 그녀를 발견하지 못하고 다시 하늘 높이 날아올랐다. 테리 조의 가슴은 절망감으로 무너져 내렸다.

그 비행기가 블루벨 호의 생존자를 찾기 위해 나선 것이었다는 사실을 그녀는 알지 못했다. 하비가 구조된 직후 구조 작업이 시작되었던 것이다. 비행기 두 대와 정찰선이 수색에 나섰고 근해에 있는 배에 경보가 전달되었다. 문제는 바다 위에 있는 테리 조가 마치 한 마리 갈매기처럼 보인다는 사실이었다. 그녀를 발견하려면 측면에서 바라볼 정도로 비행기가 낮게 날아야만 했다. 배 역시 마찬가지였다. 하지만 그토록 가까이 접근한 배는 한 척도 없었다. 바하마와 플로리다를 오가는 비행기들이 그녀의 머리 위로 오갔지만 결국 그녀를 발견하지 못한 채 멀어졌고, 그때마다 테리 조는 기운을 잃었다. 비행기와 배들이 떠나고 나면 오직 파도소리만이 귓가에서 부서졌다.

테리 조는 북서 프로비던스 해협 위를 떠돌았다. 그곳은 수심이 대단히 깊은 곳으로 다른 지역보다 파도도 거셌다. 빠른 시일 안에 구조되지 않는다면 그녀는 결국 다른 가족처럼 깊은 바다 속으로 침몰하고 말 것이다.

다행히 둘째 날은 구름이 끼어 날씨가 좀 더 선선했다. 역시 배들이 오갔고 몇몇 배는 아주 가까이 다가왔다. 처음에 테리 조는 배를 향해 다가가려 애썼지만 곧 그만두었다. 부질없는 일에 너무 많은 에너지를 낭비해선 안 된다고 판단했기 때문이다.

바람의 방향으로 미루어 물결이 그녀를 섬 근처로 인도할 확률은 희박했다. 게다가 테리 조는 깊은 바다 속에서 상어가 자신을 노리고 있다는 사실도 잘 알았다. 불과 며칠 전에 그녀는 블루벨 호 위에서 상어 지느러미를 보았다. 하지만 바다 위에 홀로 떠 있으면서도 상어에게 두려움을 느끼지 않았다. 한 번은 작은 물고기가 거대한 떼를 이루어 그녀 곁을 지나가기도 했다. 상어는 이들 물고기들을 한 입에 집어넣기 위해 뒤따라올 수도 있었다. 하지만 배가 불렀는지 다행히 상어는 나타나지 않았다. 그런가 하면 창꼬치 떼의 공격을 받을 수도 있었다. 창꼬치는 화려한 색깔을 보면 공격하는 경향이 있었는데, 테리 조는 그물 아래로 보일 자신의 분홍빛 바지 때문에 불안함을 느꼈다.

사실 테리 조가 이들 식인 어류들로부터 자신을 보호할 수 있었던 이유는 따로 있었다. 블루벨 호를 빠져나올 때 그녀는 허리까지 기름이 둥둥 차오른 물속을 헤쳐 나왔다. 또 요트가 천천히 바다 속으로 침몰해가는 과정에서 요트 안에 매달아놓은 구명환에도 기름기로 가득한 물이 젖어들었다. 결국 구명환은 기름으로 살짝 코팅된 상태(특히 구명환의 그물과 테리 조의 옷에는 기름이 배어들었다)로 그 강한 기름 냄새 덕분에 포식자들의 코에 그녀의 냄새가 전달되지 않은 것이다.

물고기를 잡으러 수면으로 다가온 갈매기들이 호기심 가득한 눈으로 테리 조를 뚫어지게 바라보았다. 새를 보고 테리 조는 근처에 섬이 있을지도 모른다는 희망을 품었다. 하지만 보이는 것이라곤 끝없이 펼쳐진 물뿐이었다. 호기심을 이기지 못한 갈매기 한 마리가 그녀 가까이 다가왔다가 날아가 버렸다.

갈매기가 날아가는 순간 몇 킬로미터 바깥에서 크고 어두운 무언가가 그녀의 눈에 들어왔다. 그것들은 가까이 다가왔다. 돌고래 같았다. 하지만 돌고래라고 하기엔 너무 크고 어두운 색깔을 띠었으며 머리가 아주 컸다. 그들은 테리 조 주위를 평화롭게 헤엄치며 크고 짙은 침착한 눈으로 그녀를 응시했다. 그들은 숨 쉴 때마다 훽훽 하는 큰 소리를 냈는데, 마치 이렇게 말하는 것 같았다.

"우리는 네 친구야. 넌 혼자가 아니란다. 우리가 여기 너와 함께 있어."

테리 조는 이 거대한 친구들에게서 말할 수 없는 위안을 얻었다. 그리고 그들을 보내준 신에게 감사 기도를 드렸다. 그들은 그 뒤 몇 시간이나 그녀 곁에 머물렀다.

나중에 전문가들은 그때 테리 조 곁을 찾아온 것이 파일럿 고래들이었다고 결론 내렸다. 파일럿 고래는 몸집이 아주 큰 돌고래의 일종이다.

구름 사이로 강렬한 오후 햇살이 비치자 테리 조는 물을 끼얹어 화끈거리는 피부를 달래려 했다. 위스콘신의 차가운 숲과 그린베이의 추운 날씨가 못 견디게 그리웠다. 소금기 없는 미시간 호의 물도 그리웠다.

마침내 해가 졌다. 화요일 밤, 또다시 미지의 어둠이 덮쳤지만 테리 조는 화염과 같은 더위에서 벗어나 안도의 한숨을 내쉬었다. 어둠은 두려웠지만 내리쬐는 태양빛에 손상된 육체가 시원해지니 살 것 같았다. 그러나 곧 심한 추위가 느껴졌다. 체온은 내려갔지만 화상 자국은 여전히 아팠다. 낮 동안 체액을 엄청나게 잃은 것 같았다. 입이 너무 말라 침이 거의 나오지 않았다. 무언가를 삼키는 것도 거의 불가능했다.

추위에 떨면서도 그날 밤, 테리 조는 생생한 영상으로 가득한 꿈을 꾸면서 깊은 잠에 빠졌다. 꿈속에서 그녀는 막 착륙하려는 비행기의 조종석에 앉아 있었다. 깊고 반짝이는 어둠 속에서 그녀는 환하게 불을 밝힌 활주로의 등을 바라보았다. 그녀는 한 번도 비행기를 타본 적이 없었지만 그 장면은 착륙하는 비행기 조종석에서 바라본 바깥 풍경과 실제로 정확히 일치하는 것이었다. 심리학적으로 이 꿈은 그녀가 겪은 정신적 외상과 고갈, 고립, 탈수로 꾸게 된 것이라고 한다.

테리 조는 또 아버지를 보았다. 아버지는 편안히 앉아 와인을 마시고 있었다. 그녀는 한 번도 마셔본 적은 없었지만 와인은 분명 원기를 회복해줄 것만 같았다. 지금 그녀는 목구멍을 적실 무언가가 절실히 필요했다. 바깥에서 아버지가 외쳤다.

"테리 조, 이리 오렴! 내려야 해!"

때때로 파도가 얼굴을 덮치면서 테리 조는 반쯤 의식을 잃기도 했다. 쇼크로 무감각한 상태가 되어 이제는 이전만큼 두려움도 느끼지 않았다. 망망대해에 뜬 작은 구명정에 익숙해지기 시작한 걸까? 블루벨 호와 가족, 위스콘신의 집들이 이상하리만큼 멀고 이해할 수 없는 대상이 되어갔다.

수요일은 아침부터 맑고 화창했으며 기온은 순식간에 치솟았다. 불타오르는 태양 탓에 테리 조는 온몸이 마르고 가려웠으며 눈에선 강한 통증이 느껴졌다. 이제 배고픈 단계마저 완전히 벗어났다. 온몸에서 수분이 빠져나가고 있었다. 근육마다 아파왔고 옷을 걸치지 않은 곳은 빠짐없이 화상을 입었다. 입술 표면은 거칠었고 부풀어 올랐다. 시간이 갈수록 그물이 망가졌기 때문에 구명환 위에서 균형을 잡기 위해 더 많이 노력해야 했다. 환영은 점점 심해져서 이제는 야자수 한 그루가 서 있는 사막까지 보였다. 테리 조는 발을 내저어 다가가려 했지만 그때마다 야자수와 사막은 사라져버리고 말았다. 의식이 점점 혼미해졌고 결국 무의식 상태에 빠졌다. 그런 상황에서도 구명환 위에서 몸을 부지하려 애썼다는 사실은 실로 놀라운 일이다.

그녀는 하늘의 엄마 품에 안긴 걸까? 안전한 집으로 돌아간 걸까? 끔찍하고 외로운 기억을 훌훌 털어버리고?

물살이 점점 더 거칠어졌고 구명환이 심하게 흔들렸지만 테리 조는 그 사실을 알아차리지도 못했다. 낮 동안 혼수상태에 빠져 경련에 몸을 떨었지만 그 사실 역시 자각하지 못했다. 삶에 대한 의지가 약해졌다면 아마 그날, 테리 조는 목숨을 잃었을 것이다. 바람이 더욱 거세졌고 파도도 높아졌지만 그녀는 결코 구명환 위에서 떨어져 나가지 않았다.

이날 밤에는 체온이 급격히 떨어져서 의식을 붙잡고 있기 힘든 상태가 되었다. 하지만 꿈속에서 한 섬에 닿았고 그곳에서 아버지를 만났다. 의식을 반쯤 잃을 때마다 육체적 고통이 점점 심해졌다. 수분이 부족해 혈액순환이 느려졌고 심장으로 흘러들어 가는 피가 부족해졌다. 온몸에 열이 올랐고 계속 한 가지 자세를 유지해야 했기 때문에 다리 쪽에도 심한 경련이 일었다.

그녀는 이 작고 약한 구명환에서 안정된 자세를 취할 수 있는 가장 좋은 방법은 구명환 한쪽에 어깨를 기대는 것이라는 사실을 며칠 동안의 경험으로 깨달았다. 따라서 양팔을 뻗어 구명환에 걸쳐야 했고 엉덩이는 그물에 대고 허벅지는 다른 쪽에 올린 채 발은 물속에 담가야 했다. 이런 자세를 취하면 무게가 구명환 가장자리를 향하게 되고 부서지기 쉬운 그물에는 부담이 최소한으로 가게 된다.

테리 조는 점차 감각이 무뎌졌고 어디로 향하는지도 모르게 되었다. 배고픔을 전혀 느끼지 못한 지도 한참 되었다. 너무 오랫동안 물을 마시지 못해 타액이 완전히 말라버렸고, 그나마 남은 수분은 핵심적인 내장기관의 활동을 위해 비축해놓아 소화액도 나오지 않았다. 따라서 만약 음식이 있었다 한들 먹을 수 없었을 것이다. 의식과 무의식을 오가던 이날 밤, 그녀는 잠을 많이 자지 못했고 이제는 추위도 느끼지 못했다.

목요일이 밝자 잔인한 태양이 또다시 내리쬐었지만 테리 조는 아무런 감각도 느끼지 않았다. 죽음의 문턱에서 그녀는 깊은 잠에 빠져들었다. 몸의 반사작용도 거의 멈추었고 혈압은 빠르게 내려갔으며 체온은 위험한 지경까지 올라갔다. 하지만 여전히 불쌍하리만치 자그마한 구명환 위에서 조심스럽게 균형을 잡고 있었다.

아침엔 바다 물결이 거셌다. 바람에 실려 거대해진 파도가 계속해서 나타났다 부서졌다. 테리 조의 작은 몸이 바다로 내던져지지 않은 것은 그야말로 기적이었다. 의식을 반쯤 잃은 상태에서도 그녀는 특유의 자세로 구명환 위에 꼭 붙어 있었다. 파도가 그녀를 끊임없이 덮쳤는데 이 차가운 물 덕분에 수명이 조금씩 연장된 것일 수도 있다.

얼마 남지 않은 체액이 심장과 폐에 집중되었기 때문에 뇌로는 거의 가지 않아서 뇌 작동이 점차 흐릿하게 느껴졌다. 신장은 이미 기능을 멈췄다. 하지만 오전에 가까스로 눈을 떴다.

의식을 거의 잃은 상태에서도 흐릿한 눈 속에 무언가가 들어왔다. 크고 그늘진 모양의 정체를 알 수 없는 존재가 마치 으르렁거리는 거대하고 어두운 짐승처럼 어렴풋이 모습을 드러냈다. 으르렁거리는 소리가 너무 큰 나머지 물결의 파동이 가슴께에 전해질 정도였다. 그것은 처음엔 바다 위를 떠다니는 딴 세상에서 온 거대한 배처럼 보이다가 나중엔 몸집이 아주 큰 고래처럼, 그리고 마지막엔 그녀 앞을 가로막고 선 단단하고 검은 벽처럼 보였다. 벽의 꼭대기를 쳐다보자 사람들의 머리와 흔드는 손들이 보였다. 하지만 그들을 향해 소리를 지를 수 없었다. 그들이 그대로 있으라고 자신을 향해 외치는 것 같았다.

그녀는 나흘 내내 구명환을 부여잡고 있던 팔을 들어 힘없이 흔들다가 툭 떨어뜨렸다. 몸을 일으켜 다시 손을 흔들려 했지만 몸이 말을 듣지 않았다. 삶에 대한 강력한 의지는 그때까지 여전했던 것이다. 다시 위를 쳐다보자 벽 한쪽에서 통들이 내려오고 있었다. 그리고 마침내 낯설고 힘이 센 누군가가 알아듣지 못하는 나라의 말을 하며 그녀를 들어올렸다. 테리 조는 어딘가에 눕혀졌고 천천히 의식을 잃어갔다.

9장

소녀의 이야기

테리 조가 입원한 병실은 삼엄한 경비를 받고 있었다. 블루벨 호의 비극적 운명에 언론 매체들이 지나치게 흥미를 보인데다가 하비 선장의 자살로 사건을 둘러싼 미스터리가 깊어졌기 때문이다. 병실에서 테리 조는 인형놀이를 하고 게임을 하면서 (겉으로 보기에) 행복하게 지냈다. 전국 각지에서 그녀를 가엾게 여긴 사람들이 선물을 잔뜩 보내왔다. 테리 조 이야기는 전 세계 사람들에게 놀라움과 동정, 경외감을 불러일으켰다.

테리 조는 빠르게 회복되었다. 11월 23일 추수감사절에는 칠면조 요리를 비롯한 갖가지 음식을 저녁으로 먹었다. 추수감사절은 전통적으로 가족을 비롯한 가까운 친척들이 함께 모이는 날이지만 테리 조는 고모, 삼촌과만 같이 보냈다. 하지만 테리 조는 활기차 보였으며 입가에 미소를 띠고 맛있게 음식을 먹었다. 여전히 테리 조는 가족의 운명을 모르는 것 같았다. 울지도 않았고 질문도 하지 않았다. 사람들은 그런 모습을 그녀의 용감한 성격 덕으로 돌렸고 그건 어느 정도 사실이었다. 그 뒤 몇 년 동안 사람들은 그녀를 '용감한 소녀 테리 조'라고 불렀다. 테리 조는 가족이 세상을 떠난 사실을 알고 있는 듯했다. 그리고 몇 년 뒤 비록 그 악몽 같은 날 밤에 아버지를 목격하지 못했고 시신도 끝내 발견되지 않았지만 아버지의 죽음도 받아들였다.

화상을 입은 살갗이 여전히 벗겨졌지만 테리 조는 신체적으로 완전히 건강을 회복했다. 버든 박사는 그녀를 진찰한 뒤 곧 퇴원해도 좋다고 진단했다. 바다에서 겪은 끔찍한 기억에도 불구하고 테리 조는 놀랍도록 빠르게 생기를 되찾았다.

나흘 뒤인 11월 27일, 블루벨 호 사건의 진상을 좀 더 명확하게 밝히고자 해안경비대 조사단이 다시 테리 조를 찾아왔다. 바버 경비대장은 블루벨 호 갑판을 스케치한 그림을 테리 조에게 보여주었다.

바버 이 그림은 사람들의 진술을 토대로 그날 밤 배가 어떤 모습이었을지 추측해 그린 것이란다. 자, 하비 선장은 큰 돛이 많이 부서져서 갑판과 배 바닥으로 쓰러졌다고 말했단다. 만약 선장의 말이 사실이라면, 각종 선들과 삭구, 돛, 뒷돛대가 갑판 여기저기에 흩어져 배가 아주 엉망이 되었을 거야. 갑판에 이런 물건들이 정신없이 흩어져 있는 것을 본 기억이 나니?

(테리 조는 단호하게 고개를 가로저었다.)

테리 조 갑판에는 아무것도 흩어져 있지 않았어요.

바버 맨 처음 갑판에 올라갔을 때 갑판에 돛이나 돛대 꼭대기에서 내려온 조명이 내리비치고 있었다고 했지? 그렇게 말했던 기억나니?

테리 조 예.

바버 조명이 비추던 것도, 돛대가 서 있던 것도 확실히 기억하니?

테리 조 예.

바버 이 부분은 아주 중요한 내용이란다. 왜냐하면 하비 선장의 이야기는 전부 돛대가 쓰러졌다는 것을 토대로 했거든. 지난번에 돛대 중 하나가 약간 옆으로 기울어졌다고 말했지? 그 부분에 대해 다시 이야기해주겠니?

테리 조 제 생각엔 누군가 돛대를 세게 친 것 같았어요. 그래서 그런 식으로 기울어졌을 거예요.

바버 테리 조, 돛대가 평소에는 갑판 위에 똑바로 서 있다는 사실을 알고 있지?

테리 조 예.

바버 그러니까 돛대 한두 개가 기울어져 있었다는 거지? 왜 그렇게 생각했는지 좀 더 자세히 설명해줄 수 있겠니?

테리 조 왜냐하면 제가 구명환을 끌어내렸을 때 돛이 떨어져 나와 물 위에 떠 있었던 것 같고 돛대가 이렇게 기울어져 보였어요.

(테리 조는 만년필을 들더니 80° 각도로 세웠다.)

바버 테리 조, 맨 처음 갑판에 올라갔을 때 돛대를 세워놓는 선들이 혹시 상해 있었니?

테리 조 아니요. 선에는 아무 문제도 없었어요.

바버 하비 선장은 큰 돛대가 넘어지면서 뒷돛대도 함께 넘어져 갑판을 덮쳤다고 했어. 뒷돛대가 갑판에 넘어져 있는 모습을 보았니?

테리 조 뒷돛대는 분명히 서 있었어요.

바버 테리 조, 하비 선장이 가족 중 누군가를 해친 것 같니?

(테리 조는 망설이다 말했다.)

테리 조 모르겠어요. 하지만 그랬을 거예요.

바버 하비 선장이 누군가와 말다툼을 한 적이 있니?

테리 조 아니요.

바버 아무리 생각해도 그런 모습을 본 적은 없다는 말이니?

테리 조 예.

(다른 질문들에 답하면서 테리 조는 이렇게 말했다.)

테리 조 저와 르네는 작은 선실 침대에서 늘 함께 잠들곤 했어요. 하지만 사건이 일어난 날, 전 혼자 잠자리에 들었어요. 그날 밤, 아빠는 밤새 하비 선장이 요트 모는 걸 도울 거라고 하셨어요. 그리고 르네는 주 선실에서 엄마랑 함께 자기로 했어요. 하비 부인은 때때로 밤새 갑판에 머물렀어요.

바버 하비 선장은 사건이 일어났을 때 모든 사람이 갑판에 있었다고 말했단다. 선장의 말이 사실이니?

테리 조 아니요.

바버 사실과 완전히 다른 말이니?

테리 조 예.

(테리 조는 그날 르네가 갑판에서 아래로 내려왔는지 전혀 모른다고도 말했다.)

바버 그날 잠에서 깨어나 선실에서 나왔을 때 엄마와 오빠가 바닥에 누워 있었다고 말했지? 그들 곁에 가까이 가보았니?

테리 조 아니요. 하지만 부엌 문 앞에서 두 사람이 가까이 붙어 바닥에 등을 대고 누워 있는 것을 보았어요. 무엇 때문에 피가 났는지는 잘 모르겠어요.

바버 처음 갑판에 올라갔을 때 하비 선장이 손에 무기 같은 걸 들고 있는 모습을 봤다고 했지? 네가 올라오는 걸 선장이 원하지 않는다는 느낌을 받았니?

테리 조 예.

바버 왜 그런 느낌을 받았는지 말해주겠니?

테리 조 바닥에 피가 흥건했고 시신이 있었기 때문에 하비 선장은 내가 그걸 보면 놀라서 멀미를 일으킬 거라 여겼을 것이라고 생각했어요. 그래서 아래로 내려가라고 소리쳤다고 생각했어요.

바버 테리 조, 하비 선장은 네가 살아 있다는 사실을 알고도 혼자 요트에서 탈출했어. 선장이 왜 그랬는지 알고 있니?

테리 조 아니요.

바버 그날 밤 비명과 발소리 때문에 잠에서 깨어났다고 했지. 비명은 오빠가 지른 것이었고. 그것 말고 다른 소리는 못 들었니?

테리 조 다른 소리는 듣지 못했고, 오빠가 소리를 지르면서 '도와줘요! 아빠, 살려줘요!'라고 말하는 것은 들었어요.

바버 소리가 또렷하게 들렸니?

테리 조 예.

바버 그 소리 말고는 전혀 듣지 못했니?

테리 조 예.

바버 발 구르는 소리는 누가 낸 것인지 아니?

테리 조 오빠가 내는 소리일 거라고 생각했어요.

바버 소리는 위쪽 갑판에서 났니? 아니면 주 선실에서 났니?

테리 조 주 선실에서 난 것 같은데 확실히는 모르겠어요.

(그녀는 비명이 그쳤을 때 누군가 승강장 계단을 두들기는 소리를 들었다고 말했다.)

바버 갑판으로 올라간 너를 향해 하비 선장이 다가왔다고 했지? 선장은 그때 어떤 표정이었지?

테리 조 화난 것 같았어요.

바버 선장의 몸에서 피나 상처, 멍 같은 걸 보았니?

테리 조 아니요.

바버 선실로 찾아왔을 때 선장이 엽총을 들고 있었던 것 같니?

테리 조 예.

바버 처음 잠에서 깨어나 자리에서 일어나기 전까지 얼마나 오랫동안 누워 있었니?

테리 조 5분에서 10분 사이였을 거예요.

바버 방문은 닫혀 있었니?

테리 조 예.

바버 자리에서 일어나기 전에 누군가 계단을 올라가는 소리를 들었다고 했지? 맞니?

테리 조 예.

바버 엄마와 오빠가 계단에서 떨어졌을 수도 있다고 생각하니?

테리 조 그럴 것 같지는 않아요.

바버 처음 잠에서 깨어나 구명환을 타고 요트에서 탈출하기까지 시간이 얼마나 걸린 것 같니?

테리 조 30분 정도 걸린 것 같아요.

바버 마지막에 다시 자리에서 일어났을 때 선실엔 물이 얼마나 차 있었니?

테리 조 허리까지요.

바버 테리 조, 하비 선장이 이렇게 말했단다. 돛이 무너지고 전선을 끊을 만한 것을 찾아서 돌아왔을 때 불이 나서 사람들이 모여 있는 선미로 다가갈 수 없었다고 말이다. 그날 밤, 불이나 연기를 보았거나 탄 냄새 같은 걸 맡은 적이 있는지 다시 한 번 말해주겠니?

테리 조 불은 결코 나지 않았어요. 하지만 기름 냄새나 엔진에서 나는 것 같은 냄새는 났어요. 요트의 엔진이 제가 누워 있던 선실과 가까이 있었거든요.

(엔진은 요트의 뒤편 중앙, 그녀의 선실 바로 옆에 위치했다. 만약 엔진실에 물이 찼다면 기름 냄새가 날 수밖에 없었을 것이다.)

바버 이전에 네가 선실에 있을 때 주 엔인지 돌아간 적이 있니?

테리 조 예. 그날 밤에도 엔진이 돌아가고 있었어요. 처음 갑판에 올라갔다 다시 내려왔을 때 엔진이 가동되기 시작했어요. 그때 기름 냄새를 맡았어요. 그리고 물이 제 방으로 밀려들어오고 있다는 사실을 알았어요. 바다는 잔잔했고 요트는 그때 별로 기울어 있지 않았어요.

바버 요트가 침몰하기 직전 구명환 쪽으로 갈 때 바닥에 돛이나 삭구 같은 게 있었니?

테리 조 글쎄요, 당시 돛의 아래 활대가 물에 잠겨 있었고 돛도 마찬가지였어요. 구명환을 꺼냈을 때 돛 위로 떨어졌어요.

바버 삭구나 끈 같은 것이 길을 가로막지는 않았다는 말이니?

테리 조 예.

바버 그날 밤, 잠자리에 들기 전에 혹시 비가 내렸니?

테리 조 아뇨. 하지만 요트에서 탈출하자마자 비가 내렸어요.

바버 블루벨 호가 침몰하는 모습을 지켜보았니?

테리 조 아니요.

(일단 불이 꺼진 뒤라면 그토록 어두운 밤에 요트가 가라앉는 모습을

보는 일은 불가능했을 것이다. 질문이 계속되었다.)

바버 요트에서 나온 뒤 얼마 만에 블루벨 호가 가라앉았니?

테리 조 요트를 빠져나오자마자 가라앉았어요. 요트에서 나온 뒤엔 뒤돌아보지 않았어요.

두 번째 조사를 마친 뒤 해안경비대 측은 테리 조의 진술이 사실이라는 걸 더욱 확신하게 되었고 하비가 승객들을 살해했으리라는 심증을 굳혔다.

"테리 조를 의심할 이유는 없는 듯합니다."

머독이 말했다.

"하비 말이 사실이라면 테리 조가 갑판에 올라갔을 때 잔해들이 흩어져 있었어야 해요. 하지만 그렇지 않았습니다."

"테리 조 이야기는 전보다 더 설득력이 있어요. 기억이 전혀 오락가락하는 것 같지도 않고요. 우린 아주 직접적인 질문을 던졌고 그녀 역시 시종 간결하고 솔직하게 답했습니다."

바버는 테리 조가 하비 선장이 사람들을 죽였다고는 아직 생각하지 않는 것 같다고 말했다. 실제로 그 뒤 몇 년간, 테리 조는 하비에 대해 분노를 표하지 않았고 그가 가족을 살해한 것으로 믿는다고 확실히 말하지도 않았다.

테리 조는 하비 선장이 폭력적인 행동을 하는 모습을 직접 본 적이 없었으므로, 그 뒤 몇 년 동안 그날 밤의 일을 '사고'라고 표현했다.

두 번째 조사를 마친 뒤 테리 조는 퇴원했다. 병원 측은 언론사에 오후에 퇴원할 것이라고 말했지만, 그녀는 아침에 뒷문으로 병원을 빠져나갔다. 그리고 고모, 삼촌과 함께 공항으로 향했다. 표는 가명으로 사두었다. 세 사람은 밀워키에 사는 또 다른 삼촌 집에서 며칠 동안 머물 계획이었다. 테리 조는 이제 집으로 돌아갈 터였다. 물론 집은 결코 예전 같지 않겠지만.

비극적 사건을 겪은 뒤 테리 조는 하비 선장을 포함한 누구에 대해서도 나쁘게 말하지 않았다. 가족과 친구, 급우들 외에도 수많은 사람이 그녀를 물심양면으로 도와주었다. 그녀를 전혀 알지 못하는 수백 명이 편지를 보내왔다. 그들 중 몇몇은 새로 태어난 아기에게 세상에서 가장 용감한 그녀를 기려 테리 조라는 이름을 지어주겠노라고 말했다. 하지만 그녀 마음을 아프게 하는 사람들도 몇몇 있었다. 그들은 테리 조 이야기의 진실성과 정확성을 의심했다. 덴의 남동생도 그중 한 사람이었다. 그는 매형을 거짓말쟁이로 만든 테리 조의 첫 번째 인터뷰에 의문을 제기했다.

그러나 두 번째 인터뷰가 공개된 뒤 그 역시 테리 조의 진술을 사실로 받아들였다. 거짓말을 한 쪽은 매형이었다. 하지만 하비가 거짓말을 한 것은 이번이 처음이 아니었다. 덴의 남동생 해리가 다음 사실을 발견한 것이다. 하비는 결혼 전에 부유한 척하며 덴에게 다가왔지만 실제로는 빈털터리에다 빚더미에 앉아 있었다. 해리는 블루벨 호 사건이 터진 뒤 사설탐정까지 고용해 하비의 뒷조사를 했다.

"그는 누나를 속여 자신이 대단한 사람이라도 되는 듯 믿도록 했습니다. 실제로는 게으름뱅이 건달에 불과하면서 말입니다."

그러곤 이런 말을 덧붙였다.

"하비가 언젠가 친구에게 이런 제안을 했다는군요. 만약 친구가 비행기를 사면 자신이 그걸 폭파해주고 사고로 위장해주겠다고요. 자신과 폭파 직전 비행기에서 빠져나와 보험금을 나눠 갖자고 했대요. 하비는 폭발하는 비행기나 배에서 탈출한 경험이 아주 많았으니까요."

10장

그날 밤의 진실

하비가 살인을 저질렀다는 정황이 점점 확실해졌다. 하비의 친구 제임스 부저를 비롯한 많은 이가 그날의 사건에 대한 하비의 진술에 의구심을 품기 시작했다. 블루벨 호 주인 페그는 처음부터 하비 말을 믿지 않았다. 수영장 건축 일을 하는 페그는 오래전부터 자신만의 요트를 갖고 싶어하다가 최근에야 항해를 시작했다.

불과 넉 달 전에 블루벨 호를 샀지만 페그는 요트를 구입하기 전에 요트에 대해 철저히 연구하고 조사했다. 설계와 건축 기술에 대한 경험을 토대로 그는 요트에 대해 아주 많은 것을 알게 되었고 어떤 것이 좋은 요트인지 훤히 꿰뚫게 되었다. 그는 또한 요트 구입을 일종의 투자로 여겼다. 어떤 요트를 사든 그것을 이용해 안정적이고 높은 수익을 올리리라 다짐한 것이다.

따라서 페그는 블루벨 호의 큰 돛대가 결함이 있어 부서지고 말았다는 하비 주장에 격하게 반발했다. 블루벨 호가 출항하기 전에 면밀히 점검했고 요트 상태는 완벽했다. 아주 사소한 문제가 있었지만 그것도 모두 손을 보았다. 하비도 그 사실을 알고 있었기에 그날 밤 요트가 문제를 일으킨 것이 아마도 그 때문일 거라고 주장했다. 하지만 블루벨 호의 전 주인도 요트 상태가 아주 좋았다고 증언했다. 심지어 허리케인을 만났을 때도 아무런 손상을 받지 않았다고 했다.

페그는 불이 났다는 사실도 믿지 않았다. 무엇보다 돛대는 하비 주장대로 똑바로 넘어지지 않았을 것이다. 돛대는 바람에 밀려 옆으로 넘어졌을 것이다. 그리고 화재가 엔진실에서 실제로 일어났다 하더라도 조타실에 구비된 대단히 성능 좋은 소화기로 화재를 간단히 진압할 수 있었을 것이다. 페그는 하비에게 직접 소화기 사용법을 여러 번 보여주었다. 소화기 작동법은 아주 간단했고 일단 소화기를 사용했다면 불이 배 전체로 번져나갈 여지는 없었다.

페그는 아서가 불이 난 요트를 몰고 바람 부는 바다로 계속 나아갔다는 사실도 믿지 않았다. 화염 뒤에 사람들이 모여 있는 위험천만한 상황에서 말이다. 그건 말도 되지 않는 이야기였다. 그리고 당시에는 페그나 조사관들이 미처 알지 못했지만, 아서는 요트를 몰아본 경험이 많았으며 위기 상황에 침착하게 대처하는 남자였다.

다음 사실도 드러났다. 하비는 걸프라이온 호에 구조되고 나서 해안경비대의 심문에 임하기 전 이틀 동안 너무나 많은 사람에게 그날 있었던 폭풍과 부서진 돛, 그리고 화재에 대해 이야기하고 다녔다. 걸프라이온 호에서도 마주치는 거의 모든 선원에게 이야기를 한 나머지 그들은 그날 무슨 일이 일어났으며 하비의 심경은 어떠하고 앞으로 계획은 무엇인지 줄줄이 꿰고 있을 정도였다.

걸프라이온 호 선장은 이렇게 진술했다.

"처음 걸프라이온 호의 사다리를 타고 배로 올라왔을 때 하비 선장은 수염을 깎지 않았고 맨발이었어요. 마치 절박한 상황에서 급하게 배에서 버림받은 사람 같았습니다."

또 한 가지 흥미로운 사실은 하비가 선원들에게 두 차례나 듀퍼라울트 부부가 돛과 함께 쓰러진 삭구에 맞아 즉사했다고 말했다는 점이다. 그러나 공식적인 심문에서는 사람들이 부서진 돛에 맞아 단지 부상을 입었다고 진술했다. 이렇듯 시간이 흐르면서 하비 이야기는 조금씩 달라졌는데, 이는 있는 그대로 말하는 대신 무언가 거짓말을 한다는 사실을 암시했다.

걸프라이온 호의 선원 몇몇이 두 가지 사실을 더 전해주었다. 첫째, 하비가 방금 아내를 잃은 사람처럼 행동하지 않았다는 것이다. 그는 부적절해보일 정도로 침착했고 아내나 듀퍼라울트 가족의 친지들에게 어떤 연락도 취하려 하지 않았다. 둘째, 이상하게도 수색대가 생존자를 찾아낼까봐 긴장하는 듯했고, 공식적인 심문이 있을 거란 말에 초조해 하는 모습을 보였다. 하비는 두세 명의 선원에게 생존자가 더 있을 것 같으냐고 물었고, 수색 작업을 두고 걸프라이언 호 선장과 끊임없이 논쟁을 벌였다. 하비는 자신이 이미 몇 시간 동안 찾아 헤맸지만 생존자는 없었으므로 수색해도 아무런 성과를 거두지 못할 거란 이유를 들어 수색 작업을 반대했다. 몇몇 선원의 증언에 따르면, 결국 생존자를 발견하지 못했다고 하자 하비는 안도하는 모습을 보였다고 했다.

선원 둘이 하비에게 이런 질문을 했다.

"조타실에서 피 묻은 사람들에게 둘러싸여 있었다고 했는데 어째서 몸에 피가 전혀 묻어 있지 않죠?"

하비는 피가 바닷물에 씻겼을 거라 답했다. 하지만 선원들은 바다에서 잠시 수영을 했다고 옷에 묻은 핏자국이 씻겨 나갔을 거란 설명을 믿지 않았다. 요트에서 불이 나지 않았다는 테리 조 진술에 직접적인 증거가 될 만한 이야기도 선원들에게서 나왔다. 선원들은 하비의 옷이나 르네의 시신에서 연기 냄새를 전혀 맡지 못했다.

구명정을 살펴본 한 선원은 가방 안, 눈에 잘 띄는 곳에서 조명탄을 발견했다. 이는 조명탄을 찾지 못했다는 하비의 진술과 상반되는 사실이었다. 선원은 이런 말을 덧붙였다.

"하비 선장이 그날 밤 조명탄을 사용하고 싶어하지 않았다는 느낌을 받았어요. 블루벨 호가 침몰한 자리와 아주 가까운 곳에서는 발견되고 싶어하지 않았을 만한 이유가 있었던 것 같아요."

아마도 하비는 그날 무슨 일이 있었는지 말해줄 어떤 증거와도 지나치게 가까운 거리에서 발견되기를 원하지 않았을 것이다.

르네를 걸프라이온 호로 옮기는 걸 도운 한 선원은 소녀의 시신이 여전히 부드러웠다고 말했다.

"제가 보기엔 열두어 시간 전에 죽은 시신이라고 하기엔 지나치게 부드러웠습니다."

물론 이는 전문가의 견해는 아니다. 하지만 선원의 이야기는 섬뜩한 사실을 암시한다. 어쩌면 르네는 하비와 함께 블루벨 호에서 나왔을 때 살아 있었고, 그 뒤 하비는 바다에서 그녀를 익사시켰을지도 모른다. 르네가 어떻게 그때까지 살아 있었는지 상상하는 일은 쉽지 않다. 사건이 일어난 그날 밤, 테리 조가 르네의 모습이나 흔적을 전혀 보지 못했기 때문이다. 죽은 지 한참 지났더라도 사후경직이 점차 사라졌거나 뜨거운 햇살이 몸을 부드럽게 했을 수도 있다.

또 다른 선원 역시 흥미로운 이야기를 했다. 걸프라이온 호가 하비를 구하기 위해 가까이 다가갔을 때 구명정 근처에서 붉은색을 띤 무언가가 천천히 가라앉고 있었다는 것이다.

"제 눈엔 평범한 가스통처럼 보였어요."

이 이야기를 듣고 해안경비대 조사단은 다음과 같이 추측했다. 하비는 요트 밖으로 구명정 외에 선외 엔진을 던졌을지도 모른다. 구명정을 살펴본 다른 선원들 역시 구명정 뒤쪽에서 모터 자국을 보았고, 선원 두 명은 그 자국이 오래된 것이 아니었다고 진술했다. 말하자면 하비는 틀림없이 구명정에 모터를 장착한 것이다. 그리고 그 사실을 누구에게도 알리고 싶어하지 않았다. 이는 하비에겐 특정한 목적지가 있었거나 아니면 적어도 누군가에게 발견되기 전에 멀리 달아나고자 했음을 암시한다.

하비가 걸프라이온 호에 발견되기 전, 선외 모터와 가스통을 버리려면 시간이 좀 필요했을 것이다. 모터를 버리는 일은 상대적으로 쉬웠을 것이다. 나사를 풀어 구명정에서 떼어낸 뒤 바다 속으로 가라앉히기만 하면 되었을 테니 말이다. 반면 가스통을 버리는 데는 시간이 좀 더 걸렸을 것이다. 가스통을 가라앉히려면 남은 가스를 다 쏟아낸 뒤 통에 바닷물이 다 찰 때까지 통을 손으로 잡고 있어야 했을 것이기 때문이다. 그러는 동안 걸프라이온 호가 가까이

다가왔고 가스통은 아직도 가라앉기 직전이어서 물과 평형을 이룬 상태였을 것이다.

이와 관련해 공식 청문회 때 간과한 사실이 하나 더 있었다. 해안경비대의 기록에 따르면 하비는 반나절 동안 약 12.8킬로미터를 항해했다. 반면 테리 조는 3일 하고도 반나절 동안 약 29킬로미터를 떠내려 왔다. 다시 말해, 하비 선장은 테리 조보다 세 배나 먼 거리를 움직인 셈이다. 이 점으로 보아 하비는 분명 엔진을 장착하고 달렸을 것이다.

그러나 가스 한 통과 작은 모터만으로 아주 멀리 가기는 처음부터 힘들었을 것이다. 따라서 하비 선장이 왜, 어디로 향하려 했는지는 알 길이 없다. 하지만 그가 당장 발견되기보다는 얼마 동안 시간이 흐른 뒤, 즉 자신이 원하는 타이밍에 발견되기를 바랐다는 사실은 쉽게 추측할 수 있다.

하비가 대략 서쪽을 향해 가고 있었음은 틀림없다. 아마도 12.8킬로미터 정도 떨어진 남서쪽의 그레이트스터업캐이보다는 북서쪽의 플로리다로 향했던 것 같다. 그는 정확히 어디로 가고자 했을까? 하비는 틀림없이 그레이트스터업캐이의 위치를 알고 있었다. 게다가 그곳은 등대가 있어 찾아가기 훨씬 편했다. 또 밤에는 별을, 아침엔 태양을 이용해 방향을 가늠할 수 있었을 것이다. 바다에서 불어오는 바람은 말할 것도 없이 말이다.

하비는 시간이 흐른 뒤 발견되기를 바랐을 것이다. 그래야 블루벨 호가 침몰한 위치를 정확히 찾아내기 어려워져서 요트의 잔해나 시신도 발견하기 어려울 것이기 때문이다. 게다가 바다에서 사투를 벌인 시간이 길어질수록 사람들은 찬사와 경외를 보낼 것이며, 그럴수록 그는 더욱 영웅적인 생존자가 될 것이다. 플로리다 근처로 가까이 가면 구조되지 못할까봐 걱정할 필요는 없다. 그곳에는 수많은 배와 비행기가 오가기 때문이다. 플로리다에 다가가 조명탄을 터뜨린 뒤 이렇게 말하면 그만인 것이다.

"이전에도 조명탄을 터뜨렸지만 아무도 날 발견하지 못했습니다."

걸프라이온 호의 선원들은 하비 이야기에 두 가지로 반응했다. 선원들은 대부분 그의 말에 의심의 눈초리를 보냈다(한 명은 심지어 "정말 웃기지도 않은 이야기야"라고 말했다). 하지만 선원 두 사람은 그를 가리켜 '너무나 멀쩡한 친구'라고 말했다.

걸프라이온 호가 하비 선장과 르네의 시신을 나소에 내려주자 하비는 곧장 플로리다로 날아갔다. 르네의 시신을 인도받은 선장은 "아이의 이마에 멍이 들어 있었다"라고 말했다. 이는 테리 조의 어머니와 오빠가 그랬던 것처럼 르네 역시 폭력 때문에 사망했음을 암시한다.

항구 책임자는 나소로 인도되었을 때 하비를 만났다. 하비는 걸프라이언 호에 머물던 몇 시간 동안 블루벨 호 실종에 관한 진술서를 작성해 제출했다. 책임자는 이렇게 진술했다.

“하비 선장은 흠뻑 젖은 지저분한 옷을 입고 있었습니다. 블루벨 호를 탈출할 때 입었던 소금 범벅의 옷을 그대로 입고 있었어요.”

걸프라이온 호 선원들이 깨끗한 셔츠와 신발을 주었지만, 하비는 몇 가지 이유를 들어 옷 갈아입기를 완강히 거절했다.

하비는 그곳 호텔에서도 묵었는데, 호텔 직원이 짐 푸는 걸 돕기 위해 방에 들어갔다가 ‘침대를 가득 덮은 지폐’들을 보고 깜짝 놀랐다고 했다. 하비는 물에 젖은 돈을 말리고 있었다.

“모두 얼마나 되는지는 알 수 없었지만 50달러, 20달러, 10달러, 5달러, 1달러짜리 지폐를 보았습니다. 침대 전체를 뒤덮을 정도로 많았어요.”

아마도 돈을 숨기기 위해 하비는 젖은 바지를 벗으려 하지 않았을 것이다. 나중에 하비의 친구는 이런 말을 했다.

“하비는 바지 주머니에 많은 양의 현금을 숨기는 연습을 하곤 했어요.”

많은 돈은 또한 하비에게 어떤 계획이나 비밀이 있었다는 사실을 암시한다.

항구 책임자는 하비의 진술서를 읽고 다른 모든 이와 마찬가지로 이야기에 '미심쩍은 구석이 너무나 많다'고 생각했다. 책임자는 하비가 다시 찾아오면 몇 가지 질문을 더 하려 했으나 하비는 다음 날 곧장 공항으로 가 플로리다행 비행기를 탔다.

바하마 당국은 르네의 시신을 부검했는데 사인은 익사로 밝혀졌다. 그러나 그것이 우연이었는지 의도적이었는지는 알아내지 못했다. 의사는 르네의 팔꿈치에서 멍을 발견했다고 보고했으나 이마의 멍에 대해서는 언급하지 않았다. 어쨌든 그 밖의 다른 외상이 거의 발견되지 않았기 때문에 르네의 정확한 사인은 나오기 힘들었다.

르네의 시신은 그린베이로 옮겨졌다. 그리고 몇 주 뒤 2차 부검을 했다. 이마에 멍이 있는지, 다른 부위에 외상은 없는지, 익사가 진짜 사인인지 밝히려는 게 목적이었다. 걸프라이온 호 선원들이 보았다고 한 이마의 멍은 시신이 변색하면서 생긴 반점일 수도 있었기 때문이다.

구조 직후 하비를 본 사람들의 증언은 하비 진술의 신빙성을 상당히 약화시켰다. 하지만 다음 두 가지 사실은 더욱 충격적으로 당시 하비의 심리상태와 사건의 진실을 직접적으로 드러냈다.

첫째, 익명의 제보자가 밀워키에 살고 있는 하비 부인의 동생 조단에게 전화를 걸어 '마이애미에 있는 한 보험사에 연락해 확인해

보라'는 말을 남겼다. 말하자면 누군가가 이 사건이나 하비 선장에 대해 알고 있다는 뜻이었으나 전화를 건 사람이 누구였는지는 끝내 밝혀지지 않았다. 확인 결과, 블루벨 호가 항해에 나서기 직전, 하비는 아내 이름으로 생명보험을 들었다. 수혜자는 물론 하비였다. 거기엔 돌연사나 사고사의 경우 보험금 배액보상 규정이 포함되어 있었다. 즉 아내가 사고로 사망할 경우 그는 4만 달러, 지금 화폐가치로 따지면 약 30만 달러(한화 약 3억 5000만 원)를 받게 된다. 어쩌면 전화를 건 사람은 의심 많은 보험사 직원이었을 수도 있다. 언론을 통해 블루벨 호 사건에 대해 알게 된 뒤 하비의 보험 계약 사항을 살펴보고 하비 부인의 가장 가까운 친척에게 연락한 것일지도 모른다.

그리고 페그의 입에서 나온 대단히 강력한 최후의 진술이 남아 있었다. 하비가 살아 돌아온 날 저녁, 페그는 하비의 오른팔과 손에 있는 긁힌 자국을 보고 호기심이 발동했다.

"하비는 그게 끈을 자를 기구를 가져오기 위해 삭구가 어지럽게 흩어진 조타실을 힘겹게 헤쳐 지나갈 때 끈에 베인 자국이라고 말했습니다. 난 평생 몸을 움직여 일하는 공사 현장에 있었습니다. 그래서 끈에 베인 자국이 어떤 건지 한눈에 알 수 있지요."

페그가 말을 이었다.

"그건 손톱자국이었습니다. 누군가 하비와 싸운 것입니다."

조단은 누나의 손톱이 매우 길었다는 사실을 기억했다.

수상하고 기만적인 행동과 앞뒤가 맞지 않고 있을 법하지 않은 정황 설명, 그리고 직접적인 거짓말의 수많은 증거에 더해 이제 살인 목적까지 드러난 셈이다. 바로 돈이었다. 그리고 신체적 폭력이 있었을 거라는 테리 조의 진술을 뒷받침할 만한 또 다른 증거가 있었다. 해안경비대는 수많은 증거가 말해주는 정황상 하비가 여러 명을 잇달아 살해했을 거라는 결론을 내렸다. 조사단은 테리 조와 르네를 익사시키기 위해 하비가 둘을 모두 갑판 아래에 방치했다고 믿었다. 하지만 테리 조는 그곳에서 르네를 보지 못했고 아무런 소리도 듣지 못했다. 르네는 분명 물이 차오르는 주 선실에서 소리를 지르며 탈출을 시도했을 것이다. 하지만 구명조끼를 입고 있는 걸로 보아 살해 당시 르네는 갑판 위에 있었을 수도 있다.

남아 있는 의문을 해결하기 위해서는 바다 깊은 곳에 가라앉은 블루벨 호를 찾아내야 했다. 요트를 찾아낸다면 하비 주장대로 과연 돛이 부러졌는지, 실제로 화재가 일어났는지 확인할 수 있다. 또 칼과 엽총, 인간의 유해 같은 법의학적 증거물들과 보석이나 손목시계 등 시체가 놓였던 자리를 알아낼 만한 물건들을 발견할 수 있다.

테리 조는 어머니와 오빠의 시신을 주 선실에서 직접 목격했다.

하지만 아버지와 하비 부인의 흔적은 전혀 보지 못했다. 그렇다면 그들의 시신은 하비가 묵던 선실에 있을 수도 있었다. 아마도 하비는 시신이 떠내려가 누군가에게 발견되기를 바라진 않았을 것이므로 시신들을 모두 아래층 갑판에 몰아넣고 싶었을 것이다.

그러나 그날 블루벨 호에서 실제로 무슨 일이 있었는지 밝히는 일은 무척이나 어려웠다. 유일한 목격자인 테리 조가 깨어났을 때는 이미 승객들의 사망 시점이 한참 지난 뒤였기 때문이다(단 르네의 사망 시점은 확실하지 않다). 그러나 테리는 당시 하비의 심경을 알려줄 만한 두 가지 장면을 보았다. 그녀를 향해 달려들었을 때 하비는 눈알을 사악하게 굴렸는데 이는 그가 엄청난 스트레스를 받을 때 나타나는 증상이다. 즉 하비는 흥분한 상태에서 대단히 서두르며 움직였다. 말하자면 냉철하고 침착하게 행동하지 않았다.

하비가 무척 서둘렀다는 또 하나의 증거는 갑판 전체에 널브러져 있던 돛이다. 이는 요트를 멈추기 위해 하비가 갑작스레 돛을 내렸음을 뜻한다. 그는 침몰해가는 요트에서 혼자 빠져나갈 요량으로 정신없이 돛을 내렸을 것이다. 구명정과 구명환을 내리려면 요트가 멈춰 서 있는 편이 훨씬 편하기 때문이다. 게다가 타륜을 잡고 있는 사람이 없는 상황이라면 더더욱 그렇다.

하비를 발견할 당시 신발을 신고 있지 않았다는 사실 또한 그가 미친 듯이 서둘렀다는 강력한 증거가 된다. 이 모든 것은 다음과 같은 사실을 암시하는 것일 수도 있다. 하비는 원래 자신의 아내만 살해하기로 치밀하게 계획했으나 일이 계획대로 되지 않았다. 따라서 초조와 흥분 속에서 정신없이 행동한 것이다.

❖❖❖

성인이 된 테리Tere가(테리 조는 십대 때 개명했다. 사람들에게서 '용감한 소녀 테리 조'라고 불리는 것을 더는 원치 않았기 때문이다) 그날 밤 무슨 일이 있었는지 더 잘 기억해낼 수 있지 않을까 하는 기대를 품고 1999년, 한 정신과 의사가 아미탈 요법을 제안했고 테리는 이를 받아들였다. 아미탈은 과거 기억을 떠올리는 데 도움이 된다고 알려진 약제로, 소수의 정신과 의사들은 그 효과를 높이 평가했다.

테리가 이 제안을 기꺼이 받아들인 이유는 다음과 같다. 첫째, 그녀는 그날 밤 일어난 끔찍한 일들을 완전히 기억해내지 못했다고 느꼈다. 하지만 극심한 스트레스 때문에 잊혔을 뿐 실제로는 더 많은 걸 보았을 수도 있지 않은가? 테리는 아미탈 요법을 통해 자기 경험을 밝혀내는 작업이 한 발짝 더 나아가기를 원했다. 또 그날 일어난 일에 대해 더 많은 정보를 알아내는 것은 물론 당시 자신이 정확하게 진술했는지도 확실히 밝혀낼 수 있을 거라 기대했다. 테리는 움츠러들거나 물러서지 않고 자신의 진실마저도 철저히 재검증하려 했다.

아미탈은 환자를 편안한 상태로 만들어 긴장과 불안을 유발하는 기억을 억제하지 않고 떠올리게 하는 일종의 유도제다. 아미탈을 사용한 사람은 아주 편안한 상태에 빠지기 때문에 이 약제는 종종 최면술에 이용하기도 한다. 아미탈을 복용한 뒤 극도의 안정 상태에 놓인 환자는 자신도 모르게 최면 상태에 빠지기도 한다.

아미탈 처방을 받은 테리는 다시 어린 시절의 테리 조로, 악몽 같던 블루벨 호에 탄 소녀로 완벽하게 돌아갔다. 때때로 목소리마저 어린 테리 조처럼 바뀌었다. 이런 상태에서 정신과 의사는 그날 밤 무엇을 보고 들었는지 물었다.

인터뷰 과정에서 두 가지 사실이 드러났다. 테리는 자신의 진술 내용과 대단히 유사한 사실을 기억해냈다. 사고 당시의 진술과 다른 점이라면, 훨씬 더 명확하고 확신에 찬 태도로 말했다는 점이다. 하비가 선실로 자신을 찾아왔을 때 엽총을 가지고 있었다는 것도 그중 하나다. 또 한 가지 사실은 피가 흥건했던 갑판 위에 칼이 놓여 있었다는 것이다. 그리고 불이 나지 않았으며 돛대가 서 있었다는 사실도 명확하게 밝혔다. 이로써 하비가 주장했던 비극적 자연재해는 없었다는 사실이 더욱 힘을 얻게 되었다.

둘째, 테리는 그날 밤 일어났던 일들을 더욱 자세히 기억해냈다. 어머니는 잠옷이 아니라 낮에 입은 평상복 차림으로 쓰러져 있었다. 이는 살해될 무렵, 그녀가 선실이 아닌 위쪽 갑판에 있었음을 의미한다. 반면 브라이언은 잠옷을 입고 있었는데 이는 그가 잠자리에 들기 위해 아래층 선실에 있었음을 뜻한다. 따라서 브라이언이 비명을 지른 이유는 선장에게 공격을 당해서라기보다 어머니 시신을 발견했기 때문일 확률이 높다. 놀란 브라이언은 아버지를 찾았지만, 아버지가 그 순간 살아 있었는지는 알 수 없었다.

테리는 또한 자신이 들은 물소리가 하비 선장이 갑판 위의 피를 닦아내면서 낸 소리가 아니라 엔진실 밸브가 열리면서 요트 안으로 물이 들어오면서 난 소리라는 사실을 깨달았다. 밸브는 어머니와 오빠가 죽은 직후 열렸을 것이다. 이 시나리오는 다음과 같은 사실 때문에 더욱 신빙성을 얻는다. 테리 조가 잠들었던 선실 벽은 고정된 것이 아니라 필요할 경우 선실 쪽에서 엔진실로 접근이 가능하도록 만든 얄팍한 간이 막이다.

테리 조는 하비에게 떠밀려 선실로 돌아온 뒤 엔진실의 불이 계속 켜져 있었다는 사실도 기억해냈다. 이는 두 사람을 죽인 직후, 선장이 엔진실에 들어와 있었다는 증거다. 그리고 바로 옆방에서 테리 조는 두려움에 온몸이 굳은 채 극심한 혼란을 겪고 있었다.

엔진실 문은 테리 조가 묵었던 방의 맞은편에 있었기 때문에 테리 조는 하비가 엔진실에 들어간 사실을 전혀 모를 수 있었다. 하비는 요트를 침몰시키기 위해 엔진실에 들어가 밸브를 열었을 것이다(어쩌면 그전에 열어두었을 수도 있다).

처음 조사를 받았을 때, 테리 조는 "엔진이 돌아가는 소리를 들었다"라고 진술했다. 하지만 아미탈 요법 중에 테리는 그 소리가 피스톤 엔진에서 난 것이라기보다는 배 아래쪽 모터에서 나는 좀 더 작은 소리였던 것 같다고 말했다. 기름 냄새는 아마도 배 아래에 물이 차면서 난 것이었으리라. 그리고 모터 스위치가 차오른 물에 잠기면서 순간적으로 엔진이 돌아가는 것 같은 큰 소리를 낸 것 같았다.

아미탈 요법을 통해 테리는 또 한 가지 중요한 사실을 깨달았다. 하비가 그녀가 있던 선실을 떠난 뒤 낸 '망치로 내리치는 소리'는 망치 소리라고 하기엔 조금 이상했다. 뭔가 속이 텅 빈 것으로 내리치는 느낌이랄 수 있었다. 사실 그 소리는 작고 가벼운 구명환이 배에 부딪히면서 난 소리였다. 따라서 하비는 그녀가 있던 선실에서 갑판으로 올라간 직후 구명환을 내린 것이다.

테리가 기억해낸 마지막 사실은 처음 갑판에서 하비를 보았을 때 그의 손에 들려 있던 것이 들통이 아니라 가스통이라는 사실이다.

이는 가스통을 보았다는 선원들의 진술을 뒷받침한다.

하비가 사람들을 죽이기 시작했을 때, 르네는 아래층에서 잠들어 있었을 수도 있으나 그럴 확률은 그리 높지 않다. 그러려면 르네는 온갖 끔찍한 일이 일어날 동안 깨지 않았어야 하며, 요트 전체에 물이 찰 때까지 침실에 남아 있었어야 한다. 하지만 그런 상황에서라면 누구나 잠에서 깨어나 소리를 지르거나 도망치려 하지 않았을까?

테리는 예전에, 그날 밤 잠자리에 들러 갔을 때 르네가 구명조끼를 입은 채 조타실에 있었다고 진술했고, 하비와 함께 발견되었을 때도 르네는 구명조끼를 입고 있었다. 하비가 살인을 저지르는 와중에 르네에게 구명조끼를 입혔을 리는 만무하므로, 아마도 르네는 아래층이 아닌 위쪽 갑판에서 부모와 함께 있었을 것이다.

하비가 구명정의 줄을 테리 조에게 넘겨주었을 때 르네는 목숨을 잃은 뒤였을 것이다. 테리 조가 줄을 놓치자 하비는 곧장 물속으로 다이빙해 들어가 어둠 속으로 사라졌다. 그는 아마도 이미 르네의 시신을 구명정에 옮겨 놓았을 것이다. 물론 하비가 르네의 시신을 바다에서 발견했을 수도 있지만 그러기엔 주변이 너무 어두웠다.

처음 요트에서 탈출한 뒤 테리 조는 블루벨 호가 있던 위치에서 불과 몇 미터 바깥에 있었다. 테리 조는 그때 아무런 소리도 듣지 못했고, 아무것도 보지 못했다고 진술했다. 만약 하비가 르네의 시신을 찾거나 끌어올렸다면 분명 소리가 들렸을 것이다. 무엇보다 발견 당시 하비는 손전등을 가지고 있지 않았다. 만약 손전등을 가지고 요트 주위를 배회했다면 그는 분명 테리 조를 발견해 공격했을 것이다.

하비는 주변을 전혀 수색하지 않았을 확률이 높다. 그는 곧장 미리 정해둔 방향으로 향했다. 아마 처음에는 모터를 사용하지 않았을 것이다. 테리 조가 모터 소리를 듣지 못했기 때문이다. 게다가 캄캄한 밤에 모터를 장착하는 건 쉬운 일이 아니다. 또 약한 바람이 불었다면 모터 없이도 쉽게 배를 움직일 수 있었을 것이다.

하비는 침몰하는 요트 갑판 위에 다시 나타난 테리 조를 보고 깜짝 놀랐을 것이다. 그리고 자신이 탈 구명정의 끈을 잡고 있게 했다. 확실히 하비는 그녀를 데리고 구명정에 오를 생각이 전혀 없었던 것 같다. 그녀를 죽일 생각으로 무기를 들고 선실까지 찾아왔다가 그냥 돌아간 이유는 단 하나였다. 하비는 테리 조가 요트에서 탈출할 거라고는 전혀 생각하지 못했을 것이다. 블루벨 호와 함께 물속으로 가라앉을 거라 확신했던 것이다. 테리 조가 구명정의 끈을 놓치자 하비는 물속으로 뛰어들 수밖에 없었다. 그 덕분에 테리 조는 다시 한 번 목숨을 잃을 위기를 넘긴 셈이다.

하비는 구명정을 잡아탄 뒤 블루벨 호가 가라앉는 모습을 지켜보며 안심했으리라. 구명조끼도 입지 않은 테리 조가 그 안에서 살아 나올 확률은 없었기 때문이다. 익사하지 않았다 해도 갑판에 어지럽게 흩어진 삭구에 몸이 엉겨 도망칠 수 없으리라 생각했을 것이다.

하비가 르네의 시신을 곁에 두었다는 건 두 가지 사실을 의미한다. 첫째, 그는 적절한 순간에 구조되길 바랐다. 그렇지 않다면 굳이 르네의 시신을 거둘 필요가 없었을 것이다. 둘째, 하비는 르네를 부검하더라도 사인이 익사로 나올 것이라고 확신했을 것이다. 그렇다면 이제 다음 두 가지 시나리오가 가능하다. 즉 르네가 사고로 익사했다는 사실을 하비가 이미 알고 있었거나 테리 조의 어머니를 죽인 뒤 잠든 르네의 얼굴을 물속에 집어넣어 익사시켰거나 두 가지로 압축된다.

이제, 밝혀진 사실을 토대로 사건 개요를 다음과 같이 정리할 수 있다.

- 하비는 보험금을 노리고 아내를 살해하기로 계획한다. 사고로 위장하기 위해 그날 밤, 두 사람이 머물던 선실에서 조용하고 깔끔하게 아내를 죽이기로 한다. 그사이 아서가 부로시, 르네와 함께 조타실에 머무른다. 그의 계획은 덴을 죽인 뒤 아무도 몰래 요트 밖 바다 속으로 던져 넣고 다시 조타실로 돌아와 밤새 머무

는 것이다. 하지만 덴이 목숨을 지키기 위해 저항하며 둘이 격렬한 말다툼을 벌이게 되면서 계획은 빗나가기 시작한다. 하비의 팔에 난 상처는 덴이 저항했음을 말해준다.

- 아서는 둘이 싸우는 소리를 듣고 급히 달려온다. 칼을 들고 있던 하비는 재빨리 그를 찌른다.
- 부로시는 남편을 급히 뒤따라왔고 하비는 이번엔 그녀를 향해 달려든다. 부로시는 르네를 안은 채 조타실로 도망쳤지만 하비의 칼에 찔려 부상을 입는다. 그러는 와중에 르네는 둔기에 맞았거나 땅에 떨어져 머리를 심하게 부딪친다. 그사이 부로시는 주선실로 기어간다. 계획이 빗나가 초조해진 하비는 다음 세 가지 생각에 사로잡히게 된다. 목격자를 제거할 것, 증거를 없애기 위해 요트를 침몰시킬 것, 도망칠 것.
- 어머니가 선실에서 쓰러지는 소리를 듣고 브라이언이 잠에서 깨어난다. 아버지가 이미 살해된 사실을 모르는 그는 소리를 지르며 아버지를 찾아 헤맨다.
- 그때 테리 조가 잠에서 깨어나지만 그녀는 몇 분 동안 두려움에 떨며 선실에서 조용히 머문다.
- 하비는 순식간에 브라이언을 칼로 찌르고 브라이언은 어머니 시신 옆에 쓰러진다. 두 사람이 흘린 피는 선실 바닥 한구석에 고

인다. 타륜을 잡고 있는 사람이 없으므로 요트가 기울어져 있기 때문이다.

- 하비는 조용히 엔진실의 문을 열고 들어가 불을 켜고 서둘러 밸브를 연다. 테리 조는 하비가 엔진실에 들어가는 소리를 듣지 못했고 엔진실에서 불빛이 흘러나오는 것도 알아차리지 못한다.
- 하비는 요트를 버릴 생각으로 다시 위쪽 갑판으로 올라가 구명정과 구명환을 준비한다. 그는 요트를 빨리 가라앉히기 위해 바람이 아주 잔잔한데도 돛을 내린다. 그리고 아서의 시신을 덴의 시신이 놓인 앞쪽 선실에 놓는다(어쩌면 싸우는 과정에서 아서가 물에 빠졌을 수도 있다). 하비는 시신이 물에 떠내려가길 바라지는 않았을 것이다. 나중에 증거물이 될 수 있기 때문이다. 그리고 이때 앞쪽 선실의 밸브도 열었을 것이다. 초조해진 하비는 이 모든 일을 빠르게 정신없이 해치웠고, 시간이 촉박한 나머지 신발도 신지 못했다.
- 하비가 요트에서 탈출하기 위해 장비들을 미친 듯이 챙기고 있을 때, 테리 조가 아래층 선실에서 올라와 어머니와 오빠의 죽음을 보고 충격을 받는다. 조타실 바닥에는 칼과 피, 돛이 널브러져 있다. 그리고 하비가 구명정에 실을 가스통을 챙기고 있다.
- 하비는 눈알을 굴리며 테리 조를 아래층으로 민다. 공포에 떨며

테리 조는 잠자리로 돌아와 몇 분간 움츠리고 있는다.

- 테리 조는 망치로 무언가를 두드리는 것 같은 소리를 듣는다. 하비가 내리던 구명정이 요트에 부딪히는 소리다. 테리 조는 물이 철썩이는 소리와 엔진이 돌아가는 소리도 듣는다. 엔진 소리는 실상 배의 바닥에 있는 펌프에서 나는 소리다. 철썩이는 물소리와 배 바닥에서 나는 소리, 그리고 기름 냄새는 요트에 물이 차올랐다는 사실을 뜻한다.
- 하비는 엽총을 가지러 큰 침실의 라커로 향한다. 그곳에서 하비는 아마도 훔칠 돈이 있나 급히 살폈을 것이다.
- 하비는 테리 조가 있는 선실로 향한다. 그녀를 죽일까 고심하던 하비는 결국 익사할 것이란 판단을 내리고 그곳을 떠난다.
- 물이 허리께에 찰 때쯤 테리 조는 위쪽 갑판으로 향한다. 그때 하비는 그녀에게 구명정 끈을 쥐어준다. 하비는 침몰하는 요트에서 막 탈출하려는 참이다. 구명정을 내리고 모터와 가스통을 포함한 장비들을 챙긴 뒤다.
- 테리 조는 끈을 놓치고 하비는 물속으로 다이빙해 들어간다. 테리 조는 구명환을 찾아 요트를 탈출한다.

그러나 이와는 전혀 다른 시나리오도 가능하다. 하비와 그의 습관에 대해 잘 아는 마이애미의 형사들은 범죄 동기가 보험금이라는 사실에 의문을 제기했다. 형사 중 한 사람은 하비가 쿠바를 드나들며 밀수를 해왔다고 주장했다. 그는 블루벨 호의 참사 역시 하비가 밀수와 관련한 사람들과 접선하는 과정에서 발생했다는 증거를 가지고 있다고 말했다. 그날 밤, 하비는 플로리다로 들여올 마약과 그 밖의 밀수품을 건네받으려 했다는 것이다.

사건이 일어난 날 밤, 블루벨 호가 자신의 위치를 알리는 무선을 보냈다는 게 형사의 주장이었다. 그는 바하마의 무선기사에게 이 정보를 직접 들었다고 말했다. 하지만 해안경비대 측은 그런 무선이 오갔는지 확인하는 일은 불가능하다고 말했다.

"교신을 보냈을 때, 아서 박사가 갑판으로 걸어 들어온 겁니다."

형사의 주장은 이랬다.

"그러자 하비는 무척 당황해 아서 씨를 내리쳤습니다. 아서 씨가 도망을 쳤고 하비가 그를 쫓아가 죽였지요. 접선한 배가 떠나간 뒤 하비는 일을 어떻게 처리해야 할지 고민했을 겁니다. 그러곤 결국 자신을 보호하기 위해 나머지 사람들을 다 죽인 거지요."

하비가 승객들을 태운 채 이토록 위험한 접선을 시도했다는 사실은 그다지 신빙성이 없어 보이지만, 몇몇 사건이 이 이론에 힘을 더해주기도 했다. 1998년, 플로리다의 한 신문은 블루벨 호 주인인 페그의 두 아들이 적어도 1970년대부터 몇 년 동안 큰 규모의 밀수업에 연루되어 왔다는 사실을 보도했다. 페그의 아들들은 밀수로 벌어들인 수십억 원대의 돈을 비밀계좌에 나누어 보관했다.

그러나 이 이론의 문제점은 뒷받침할 만한 그 밖의 다른 증거가 전혀 없다는 사실과 사건이 일어난 1961년에는 심각한 밀수가 물밑에서 자행되지 않았다는 점이다. 그러나 페그의 아들들이 밀수 사실을 감추기 위해 블루벨 호에 승객을 태우고 다녔다는 것은 사실로 드러났다. 그들은 밀수품을 블루벨 호에 싣고 다니다가 바하마의 섬들에 내려놓곤 했다. 따라서 이 시나리오 역시 완전히 배제할 순 없다.

아마도 블루벨 호 사건의 미스터리는 영원히 풀리지 않을지도 모른다. 하비가 정말로 어떤 사람이었으며 그날 밤 무슨 일이 일어났는지는 수많은 의문점이 남아 있다. 그러나 구명환 위의 소녀가 어떻게 목숨을 건졌는지는 확실히 알 수 있다.

11장

영웅의 가면

1944년 9월 20일, 전투기 B-24 리버레이터가 군용 함대를 타고 천천히 제임스 강으로 접근했다. 제2차 세계대전은 여전히 한창이었고 용감한 병사들은 속속 전사했다. 그 가운데 전투기 B-24가 불시착할 때 특히 전사자가 많이 나왔다. 오늘 할 실험의 목적은 이 전투기가 물에 착륙할 때 조종사의 생존율을 높이는 것이었다. B-24는 그간 불시착할 때 조종사들에게 탈출할 시간도 주지 않고 고장 나거나 침몰한 불명예스러운 전력이 있었다. 이는 아마도 폭탄 투하실의 문과 벽이 충격으로 파열되면서 엄청난 물의 압력이 폭발을 일으켜 비행기를 두 동강 내기 때문인 것 같았다. 실험에 임한 비행기는 폭탄 투하실의 문과 벽을 좀더 견고하게 했고, 공군 측은 이 조치가 효과를 발휘하는지 확인해야 했다. 이 위험천만한 실험을 하기 위해 조종사와 부조종사가 한 명씩 자원했다.

그러나 이는 실로 위험하기 짝이 없는 실험으로 숨 막히는 긴장감 속에서 진행되었다. 숙련된 조종사가 뛰어난 조종 실력을 발휘했는데도 전투기는 결국 균형을 잃고 물속에 빠졌고 그 순간 발생한 엄청난 압력으로 전투기는 말 그대로 V자로 구부러졌다.

그렇다면 조종사와 부조종사는 어떻게 되었을까? 1, 2분이 지난 뒤 용감한 자원자 중 한 사람, 즉 부조종사가 이렇다 할 부상도 입지 않은 채 전투기 안에서 모습을 드러냈다. 제1차 세계대전에서 최초로 전투기를 조종한 스물여덟 살의 베테랑 칼 그린이었다. 몇 분이나 지났을까? 또 한 사람의 생존자가 모습을 드러냈다. 스물일곱 살의 조종사이자 전쟁 영웅 줄리앙 하비였다. 그는 B-24를 타고 30차례나 전투에 참여했으며 영웅적인 전과를 올린 베테랑 중의 베테랑이었다. 놀랍도록 잘생긴 전투기 조종사는 전투기 위에 우뚝 선 채 셔츠 주머니에 손을 넣었다. 그러곤 빗을 꺼내 아름다운 금발 머리를 빗었다. 이 위험천만한 비행이 가져다준 최악의 결과가 고작 머리카락이 흐트러진 정도라는 듯이. 이 간단한 동작 하나로 그는 전쟁에 지친 조국에 다음과 같은 메시지를 전했다.

"저를 믿으세요. 제겐 그럴 능력이 있습니다. 여러분을 안전하게 지켜드리겠습니다."

만약 이 행동이 카메라에 비칠 이미지를 의식해 의도적으로 한 것이라 한들, 이토록 매력적이며 용감한 영웅의 그 정도 애교는 봐줄 만하지 않은가?

이것이 대부분의 사람들이 생각하는 하비의 이미지였다. 특히 첫 만남에서는 더더욱 그랬다. 유독 뛰어난 기술을 지닌, 누구보다도 용감하고 죽음에 직면한 순간에도 침착함과 확신을 잃지 않는 영웅적인 전투기 조종사. 이것이 바로 영웅 하비를 바라보는 미국인의 인식이었다. 존 웨인이 단지 영화 속에서 흉내만 내던 일들을 그는 정말로 해냈다. 그것도 존 웨인보다 더 잘생긴 얼굴로 말이다. 수많은 남녀가 그를 경탄의 눈빛으로 바라보았다.

바로 그 하비가 블루벨 호에서 일가족을 살해했다는 건 아무리 생각해도 믿기지 않았다. 그러나 그의 범죄 동기는 이해하기 그리 어렵지 않았다. 하비는 아내를 살해해 보험금을 타려 했다. 그러나 살해 현장을 들킨 뒤 목격자들을 제거하기로 결심했다.

그러나 범행 동기를 좀 더 깊이 이해하려면 하비가 정말 어떤 사람인지 밝혀야만 했다. 확실히 그는 다른 사람들이 생각하는 그런 인간은 아니었다. 빛나는 갑옷을 입은 멋진 기사의 모습 뒤에는 그보다 훨씬 더 어두운 면이 숨어 있었다.

그러나 도대체 어찌된 연유로 이토록 멋있게 미화된 전쟁 영웅이 이런 끔찍한 최후를 맞게 되었을까? 그의 어두운 면은 도대체 어디서 나온 걸까? 한 가지 의외였던 것은 하비를 20년 이상 알아온 이들은 (그의 매력적인 성품과 잘생긴 외모에도 불구하고) 블루벨 호 사건을 접한 뒤 그다지 놀라지 않았다는 점이다.

하비는 1917년 뉴욕에서 태어났다. 그의 어린 시절은 평탄하지 않았다. 하비는 부모가 한 살 때 이혼한 뒤 쇼걸인 어머니와 단둘이 살았다. 그러다 여섯 살 때 어머니는 유명한 극단장과 재혼했다. 새아버지는 매우 관대한 성격으로, 열 살 된 하비에게 요트를 선물했다. 그 순간부터 하비는 항해를 사랑하게 되었다. 어린 시절부터 항해를 하면서 심지어 직접 배를 짓기도 했다. 그러나 대공황의 여파로 극단은 파산했고 어머니와 새아버지는 그를 기를 수 없을 정도로 가난한 처지에 놓였다. 그들은 뉴욕 시와 근접한 스카스데일에 사는 부유한 이모에게 열세 살 먹은 하비를 보냈다. 이모부는 뉴욕의 명망 있는 은행에서 일하는 뛰어난 은행가였다.

이모는 하비에게 잘 대해주었고, 그 덕분에 대공황의 힘든 시기에도 부족함 없이 지낼 수 있었다. 하지만 젊은 하비에게는 여전히 두 가지 문제가 있었다. 하나는 신체적으로 병약했다. 또 하나는 긴장하거나 초조해질 때마다 말을 더듬었다. 그럴 때면 불량하고 끈적거리는 눈빛이 나오곤 했다.

뛰어나게 잘생긴 하비를 이모는 자랑이자 기쁨으로 여겼다. 이모 눈에는 하비에게 아무런 문제가 없는 것처럼 보였다. 하비는 병약한 몸을 극복하기 위해 결단을 내리고 운동에 전념해 근육을 가꾸었다. 그후 그는 얼마 안 있어 뛰어난 근육질 몸을 지니게 되었다. 그 덕분에 사람들과의 관계에 자신감을 갖게 되었고 말을 더듬는 버릇도 한결 나아졌다.

하비는 겉으로는 도전과 어려움을 피하지 않는 강인한 인간으로 성장한 듯 보였다. 그러나 실제로는 십대 후반부터 그에겐 이렇다 할 도전이나 어려움 자체가 없었다. 뛰어나게 준수한 얼굴과 멋진 근육질 몸매 덕분에 그 시기 남학생이라면 누구나 겪는 스트레스에서 자유로울 수 있었기 때문이다. 즉 여학생들에게 데이트를 신청할 필요가 없었다. 여학생들이 먼저 그를 쫓아다녔기 때문이다. 블루벨호 사건이 세간에 알려진 뒤에도 그의 여자 동창들은(물론 동창이 아니었던 여자들도) 하비를 꿈처럼 감미롭고 다정한 미남으로 기억했다. 그들이 기억하는 하비는 살인자 이미지와는 거리가 너무 멀었다. 그들은 또한 하비를 우아하고 기량 좋은 운동선수로 기억했다. 특히 권투와 체조에 능했고 그래서 조금은 뽐내는 경향도 있었다.

너무나 매력적인 용모 탓에 그는 고등학교 재학시절 결혼까지 했다. 하지만 이모와 이모부가 강력하게 반대해서 일 년도 되지 않아 결혼은 무효 처리가 되었다.

1937년, 하비는 뉴욕에 있는 고등학교를 졸업했다. 그의 첫 번째 직업은 방문판매원이었다. 하지만 그 일은 하비에게 맞지 않았다. 그의 여동생의 증언에 따르면, 그가 문을 두드린 뒤 안에서 여성의 목소리가 들리면 너무 긴장한 나머지 말을 심하게 더듬었다고 한다. 그럴 때마다 그는 모욕감을 느꼈다.

확실히 고객과의 만남은 긴장감을 불러일으켰다. 하지만 다른 이들에게는 당황스러움과 두려움을 안겨줄 만한 상황에서 하비는 놀랄 만큼 침착했다. 한 번은 그가 거실로 걸어 들어와 할머니에게 산책을 가자고 조용히 청했다. 잠시 뒤 돌아온 그는 이번에는 어머니에게 역시 침착한 말투로 산책을 가자고 했다. 하비는 왜 두 여인에게 산책을 제안했을까? 당시 집에 불이 났는데 그 사실을 알고 여자들이 당황하거나 두려워하지 않기를 원해서였다.

영업직의 스트레스를 견디지 못한 하비는 잘생긴 몸과 잘빠진 몸매를 이용해 직업을 구하기로 하고 곧 영향력 있는 에이전시의 모델로 고용되었다. 하비는 그곳에서 일 년 남짓 일했다.

1939년, 하비는 노스캐롤라이나 대학교에 진학해 공학을 전공했다. 그는 배를 공부하고 직접 지으면서 이 분야에서 소질을 나타냈다. 그리고 이듬해에 퍼듀 대학교로 옮겨 2년간 공부했다. 그즈음 미국은 제2차 세계대전에 참전하기 직전이었다. 사람들은 미국이 히틀러와 대항하기 위해 유럽으로, 그리고 일본의 전체주의에 맞서기 위해 태평양으로 군대를 파병할 거라고 말했다. 1941년 8월, 스물네 살의 하비는 육군 입대를 기다리지 않고 공군에 지원했다. 공군이야말로 선망의 대상이 될 수 있다고 친구들에게 말하면서 말이다.

교수들에게서 추천서를 받은 하비는 공군의 상선 훈련 과정에 지원했다. 추천서 내용이 너무나 과하게 칭찬일색이어서 몇몇 사람은 혹시 하비가 추천서를 직접 쓴 것이 아닌지 의심했다. 하지만 결정적인 증거가 없었을 뿐 아니라 당시 군대에는 그런 일을 일일이 확인할 만한 인력이 없었다. 무엇보다 그들은 자격을 갖춘 병사가 필요했다. 하비는 공학을 전공했을 뿐 아니라 항해 경험이 풍부했다. 게다가 비행기도 대단히 잘 다루었기 때문에 충분한 자격을 갖춘 셈이었다. 훈련 과정을 마친 하비는 뛰어난 기술을 자랑하는 조종사가 되었고 소위로 임관했다. 바야흐로 성공적인 군 생활이 눈앞에 펼쳐진 것이다. 하비가 훈련을 받는 도중 전쟁이 일어났다. 전쟁은 전도유망한 젊은 군인에게는 더없이 좋은 기회였다.

하비는 1930년대식 복엽비행기 조종사로 훈련받았지만, 그의 첫 번째 임무는 엔진 네 개짜리 B-24 폭격기를 조종하는 일이었다. 그는 크고 육중한 전투기 조종법을 재빨리 익혔고, 곧 플로리다 주둔지에서 남동쪽 해안에 이르는 지역을 순찰하는 일을 맡았다. 나치가 잠수함을 동원해 그곳에 어뢰를 설치하곤 했기 때문이다. 많은 미국인은 전쟁 초기, 전선이 미국 본토 해안에 형성되었다는 사실을 지금은 잊었다. 하비가 나치 잠수함을 색출하는 데 공을 세웠다는 기록은 없다. 하지만 휴가 기간에 규모가 큰 사교 모임에 참석했다는 기록은 있다. 거기서 공군 제복을 입은 외모가 뛰어난 이 조종사는 막 사교계에 데뷔한 열일곱 살의 에델 폴을 만났다. 그녀는 남부 플로리다의 부유한 가정 출신이었다. 그녀는 하비에게 홀딱 반해 곧바로 사랑에 빠졌다. 몇 달 뒤 둘은 결혼식을 올렸다.

블루벨 호 사건이 언론에 대서특필되자 폴은 기자들에게 이렇게 말했다.

"그는 내가 생각해온 이상적인 남성상에 딱 맞는 사람이었어요. 전엔 한 번도 그런 사람을 만난 적이 없었죠. 남성적 매력이 너무 넘쳤기 때문에 거기에 빠져들 수밖에 없었답니다. 게다가 세상물정에도 아주 밝았고 성격도 활동적이었어요. 하지만 지금 돌이켜보니 제게 사람 보는 눈이 너무 없었던 것 같아요. 사실 당시에도 그가 끔찍하리만치 자기중심적이고 자신의 육체적 매력에 과도한 자부심을 갖고 있다는 사실을 알고 있었어요."

둘은 얼마 안 있어 이혼했고 위의 고백처럼 폴은 겉으로 보기와는 다른 하비의 차가운 면을 잘 알고 있었다. 그럼에도 하비가 살인자라는 사실을 여전히 믿지 못했다.

1942년 가을, 하비는 해외로 발령을 받았고 유럽 전역에 폭탄을 투하하는 임무를 맡아 7개월 동안 영국에서 머물렀다. 작전 도중 그가 조종하던 전투기가 심한 충격을 당했지만 끝까지 항복하지 않고 가까스로 영국으로 돌아와 안전하게 착륙했다. 그 덕분에 그를 포함한 모든 병사가 목숨을 건졌다. 상사들은 그의 실적을 아주 높이 평가했으나 몇몇 동료는 하비가 사고를 자주 일으키는 경향이 있다고 여겼다. 착륙 과정에서 두 차례 이상 추락 사고를 냈기 때문이다.

1943년, 남동 유럽 지역을 손아귀에 넣은 나치에 대항하기 위해 하비는 리비아에 파견되었고 그곳에서 지중해를 넘나들며 폭격기를 조종했다. 거기서 하비는 기계 고장을 이유로 임무 도중 되돌아오는 사고를 냈다.

하비는 이전에도 임무를 완수하지 못해 동료들 사이에서 구설에 올랐으나 상사들에게 공식적인 경고를 받지는 않았다. 그는 30여 차례 임무를 완수한 뒤인 1944년 미국 플로리다 기지로 돌아왔다. 그는 대단히 뛰어난 조종사였을 뿐 아니라 특히 공격을 당해 심하게 고장 난 비행기를 착륙시키는 데 일가견이 있었기 때문에 시험 조종사로 선발되었다. 시험 조종사는 성능을 향상시킨 비행기를 전투나 훈련에 투입하기 전 제대로 작동하는지 시운전해보는 일을 한다. 위험한 임무였지만 전투기에서 죽어가는 미국의 젊은 공군들을 살리기 위해서는 꼭 필요한 일이었다.

하비가 해외에 나가 있는 동안 아내 폴은 아들을 출산하고 줄리앙 주니어 하비라는 이름을 붙였다. 출산한 지 얼마 안 되어 폴은 아기를 데리고 하비의 이모와 함께 살았다. 하지만 불과 두 주 만에 그곳에서 나왔다. 하비 이모가 폴이 완벽하고 사랑스러운 자신의 조카와 살기에는 한참 모자라는 여자라고 결론 내렸기 때문이다. 분노와 모욕감을 느낀 폴은 그 집을 나와 작은 아파트에서 아들을 혼자 키우며 지냈다.

아이까지 낳았지만 미국으로 돌아오자마자 하비는 갑작스레 이혼을 선언했다. 더는 그녀를 사랑하지 않는다는 것이 이유였다. 양육권을 폴에게 넘긴 하비는 1945년 초 이혼했다.

하비는 다시 자유로운 몸이 되었다. 시험 조종사로 계속 복무하면서, 그는 앞서 이야기한 B-24 폭격기에서 털끝 하나 다치지 않고 살아남는 멋진 퍼포먼스를 선보였다. 이 시험 비행으로 공군 훈장을 받았고 전쟁 영웅 줄리앙 하비의 이미지는 더욱 굳어졌다. 하지만 그 일이 있은 직후 하비는 폭격기 조종사를 그만두겠다고 말해서 사람들을 의아하게 만들었다.

동료 조종사들은 이미 전에도 가장 끔찍한 임무 몇 건을 회피해 온 하비가 B-24 시험 비행으로 죽을 고비를 넘긴 뒤 일에 질려서 극심한 긴장 상태를 더 이상 견디지 못하고 아예 놓아버리려는 게 아닌가 싶다고 말했다.

이들은 또한 하비가 자기중심적이며 일상적 업무보다는 화려하게 생색내는 일을 더 중요하게 여긴다고 생각했다. 당시 그와 함께 복무한 한 조종사는 이렇게 말했다.

> 전쟁 초기에 세운 혁혁한 공과 잘생긴 외모, 화려한 분위기 때문인지 그에겐 대단히 자기중심적인 기운이 느껴졌다. 그는 특별히 맞춘 고급 재킷과 반짝이는 분홍색 바지를 입고 노란색 스카프를 두르고 다녔다. (……) 사람들은 그를 전쟁 영웅으로 우러러 보았고 규정된 제복 대신 사복을 입는 것에 대해 누구도 뭐라고 말하지 못했다.
>
> —출처: 국립항공자문위원회(NACA-NASA의 전신) 구술 역사 기록 프로젝트

이는 하비의 자기중심적인 기질뿐 아니라 이미지와 평판이 지녔던 그의 영향력 또한 암시한다. 이 조종사는 심지어 공식적으로 기

록된 하비의 공적에도 의심을 품었다. 어느 누구도 그의 뛰어난 조종 실력에 한 치의 의문을 제기하지 못했음에도 말이다.

시험 조종사 자리에서 물러난 뒤 하비는 여러 가지 임무를 거치며 몇몇 기지를 옮겨 다녔다. 전쟁 말기에는 아주 짧은 기간이었지만 일본 오키나와에 주둔하기도 했다. 중령으로 승진한 하비는 그 뒤 펜타곤에서 일하는 관리직으로 발령을 받았다. 그곳에서 하비는 꽤 열심히 일했고 중단한 대학 교육을 마칠 수 있도록 학비를 지원해달라고 공군 당국에 요청했다. 하비는 군인 신분으로 학교로 돌아가 남은 2년의 공부를 마친 뒤 1948년 항공공학으로 학사학위를 받았다.

이때 하비는 서른한 살이었다. 열심히 여자들을 만나고 다니던 하비는 또 다른 사교계 명사인 스물한 살의 조안 보일런을 만난다. 매우 짧은 구애 기간을 거쳐 둘은 결혼에 이른다. 1948년 말, 둘 사이에 아들 랭스가 태어난다. 그러는 동안 하비는 다시 플로리다에 있는 공군 기지로 발령을 받았다. 기혼이었음에도 그가 여러 명의 여자와 잠자리를 했다는 소문이 기지 근처에 파다했다. 보일런이 바람기를 문제 삼자 하비는 불같이 화를 냈다고 한다. 그럼에도 당시 보일런은 친구들에게 "나도 하비의 외도 사실을 알고 있어. 하지만 난 그를 여전히 사랑해"라고 말했다.

1949년 4월 어느 비 오는 날, 하비는 아내, 장모와 영화를 본 뒤 그들을 태우고 시내에서 기지로 돌아오고 있었다. 나중에 하비는 경찰에게 이렇게 말했다.

"난 시속 80킬로미터로 아주 조심스럽게 운전하고 있었습니다. 그러다 깊은 도랑을 건너기 위해 낡고 좁은 나무다리 위를 건널 때 급격하게 차가 오른쪽으로 쏠렸습니다."

하지만 차가 오른쪽으로 갑자기 쏠린 이유가 석연치 않았다.

"급히 왼쪽으로 핸들을 돌렸죠. 그러자 차가 다리의 왼쪽 난간을 들이받았습니다. 난간을 계속 들이받으면서 구르다가 차가 뒤집어졌습니다."

차는 차갑고 뿌연 물속으로 영원히 가라앉아 버렸다.

차가 공중에 떠 있을 때 하비는 차문을 열고 탈출했고 물에 빠진 뒤 헤엄을 쳐 목숨을 건졌다. 하지만 아내와 장모는 침몰하는 차 안에서 빠져나오지 못했다.

몇 분 뒤 지나가던 사람들이 현장에 멈춰 섰다. 그들은 나중에 이렇게 말했다.

"사람들이 차에 있는 여자들을 구하러 물속에 뛰어들었는데, 하비는 다리 위에 서서 지켜보고만 있었어요. 그리고 구조 장면을 바라보면서 이상할 정도로 침착한 어조로 말했어요. 그토록 건강한 젊은이가 아무런 행동도 취하지 않고 그저 손 놓고 사고현장을 바라만 보다니……. 우린 모두 큰 충격을 받았습니다. 아내와 장모를 구하는 대신 '공중에 뜬 차에서 나오는 일은 정말 식은 죽 먹기였어요. 왜냐고요? 난 부서진 비행기에서도 여러 번 탈출한 경험이 있거든요'라고 마치 자랑하듯 말하더군요."

사고 당시 그와 이야기를 나눈 다른 사람들도 비슷한 말을 했다.

"하비는 아내와 장모를 잃은 것을 그다지 슬퍼하지 않았습니다."

이는 블루벨 호 사건 직후 하비를 만난 사람들의 진술과 정확히 일치한다. 하비는 늘 자기 자신에 대해서만 이야기했다.

하비는 차가 공중에 떠 있을 때 문을 열고 차에서 뛰어내렸다고 했다. 하지만 시신을 찾기 위해 물속에 들어간 다이버 두 사람은 이렇게 진술했다.

"차문은 모두 닫혀 있었습니다. 운전석 창문만 내려와 있었고요."

이 이야기를 듣고 사람들은 그의 말에 의문을 품었다. 자랑스레 이야기했듯 공중에서 문을 열고 탈출한 것이 아니라 차가 물속에 잠긴 뒤 창문을 열고 나와 수면 위로 헤엄쳐 올라온 것이 아닐까? 아내와 장모를 구할 생각도 하지 않고 말이다. 하비의 뻔한 거짓말은 더욱 심각한 의문을 낳았다. 혹시 일부러 이런 일을 벌인 뒤 사고로 위장한 건 아닐까? 무엇보다 명백한 증거는 사고 직후 두 여인을 구하려는 노력을 전혀 하지 않았다는 점, 그리고 다른 사람들이 구조 활동을 벌이는 것을 지켜보고만 있었다는 점이다.

다음 날, 흥분해 제정신을 잃은 보일런의 아버지가 기지 책임자의 사무실을 찾아와 진상 조사를 요구했다. 그는 사위가 자신의 아내와 딸을 살해했다고 믿었다. 조사가 진행되었지만 법정에서 효력을 발휘할 만한 증거는 발견되지 않았다. 게다가 사건을 민법으로 다루어야 할지 군법으로 다루어야 할지도 애매했다. 그리하여 하비는 다시 한 번 필사의 위기 상황에서 탈출했다. 불명예스러운 기록도 남지 않았다. 그리고 얼마 안 있어 아내 보일런의 생명보험금을 수령했다.

자동차 사고를 비롯한 의문에 호기심을 느낀 군의관 한 명이 몇 차례 비공식적으로 하비와 이야기를 나누었다. 그가 도대체 어떤 사람인지 알고 싶었기 때문이다. 공식적인 조사는 물론 아니었다. 1949년, 그는 다음과 같은 결론을 내렸다.

"하비는 얄팍한 매력과 부드러운 매너 아래 타인에 대한 진정한 공감 능력이 전혀 없는 비도덕적인 모습을 감추고 있다. 한마디로 위험 인물이다. 다시 말해 반사회적 이상 성격자일 수 있다."

블루벨 호 사건이 일어나기 10년도 전에 누군가 하비 인격의 어두운 모습을 간파한 것이다. 그러나 군의관은 정신과 의사가 아니었고 그의 소견은 기록으로 남지 않았다. 아내가 죽은 지 몇 주도 되지 않아 하비는 또 다른 여자와 동거했다.

1950년에 하비 중령은 텍사스 주 샌안토니오 공군 기지로 발령을 받았고 그곳에서 지터라는 여성 사업가를 만났다. 몇 개월 지나지 않아 지터는 하비의 청혼을 받아들였다. 둘은 1950년 말 결혼식을 올렸다. 그녀 역시 하비의 자만심과 자기중심성을 감지했다. 블루벨 호 사건이 일어난 지 1년 뒤 지터는 기자들과 인터뷰를 했다.

"하비는 이기적일 뿐 아니라 난폭한 성격을 드러내기도 했어요."

둘의 다툼을 목격한 한 친구는 지터의 안전을 염려하기도 했다.

지터는 하비의 운동중독증에 대해서도 이야기했다.

"그는 끊임없이 운동했어요. 오직 자기 자신만을 사랑하는 사람이었어요."

실제로는 네 번째 아내였지만 지터는 결혼 당시 자신이 하비의 두 번째 아내인 줄 알았다고 말했다.

"이 무렵 하비에게 변화가 생겼어요. 예전만큼 자기 확신이 강해 보이지 않았어요. 그리고 직장에서, 특히 상사들을 대할 때 뭔가 어색해 하기 시작했죠. 지금 와 돌이켜보면 아마도 B-24 폭격기를 조종할 당시 생사를 넘나드는 위기를 겪으면서 자신이 유한한 존재임을 인식하게 된 것 같아요. 그리고 전 아내를 익사시킨 사실을 들킬

까봐 초조해 했던 것 같아요."

결혼하고 3개월 뒤 하비는 한국전 투입 명령을 받는다. 거기서 하비는 자신의 요청대로 사브레 제트기를 몰았다. 그리고 2년 뒤 한국전쟁에서 돌아오자마자 지티에게 몇 해 전 폴에게 했던 말을 되풀이했다.

"더는 당신을 사랑하지 않소."

1953년, 둘은 성격차를 이유로 이혼했다. 하비의 이혼을 맡은 변호사의 비서는 이렇게 말했다.

"하비는 변호사를 만나러 왔을 때 제게 데이트를 신청했고 전 수락했어요. 정말 잘생긴 남자였으니까요. 하지만 두 번째 데이트 신청은 거절했어요. 왠지 모르게 불편했거든요."

자신이 알고 있는 하비와 그와 함께했던 결혼생활, 그리고 블루벨 호 사건에 대해 인터뷰 하면서 지티는 기자들에게 말했다.

"내가 살아남은 게 다행이라는 생각이 들어요. 하지만 이기적이고 난폭한 성격을 감안한다 해도 하비가 블루벨 호에서 그 많은 사람을 죽인 살인마로 돌변했다고는 도무지 믿어지지 않아요."

그러곤 씁쓸한 표정으로 덧붙였다.

"그리고 그는 내 이름으로 보험에 들지도 않았고요."

새로운 사실도 드러났다. 1951년, 하비가 한국전에 파병되었을 때(또는 그 이전부터) 공군 동료들은 그가 정신적으로 문제를 보였다고 말했다. 하지만 하비가 위험한 인물로 돌변할 거라고는 누구도 생각하지 못했다. 그 무렵 하비는 두려움을 자주 느끼고 초조해 했다. 또 한국전에서는 예전과 같은 기개와 확신을 보여주지 못했다. 하지만 사실 그는 1943년 제2차 세계대전 때도 어려운 임무들은 회피했다.

하비는 한국에서도 몇 번이나 전투기 고장 등의 핑계를 대며 격렬한 전투 현장에서 빠졌고, 임무에 적극적으로 몰입하지 않아 실패를 맛보기도 했다. 그리고 세 번이나 엔진이 멈춘 상태로 착륙했다. 상사가 공식적으로 문제 삼지는 않았지만 그는 동료들 중 엔진 고장을 가장 많이 일으켰다. 상사는 엔진이 고장 났는데도 비행기를 안전하게 착륙시킨 기술을 칭찬하는 추천서를 써줬지만 동료들은 그가 예전 같지 않다고 수군댔다. 그러나 하비는 여전히 솜씨 좋은 조종사였고 외모를 잘 가꾸었다. 하비는 동료들에게는 빈축을 사면서도 상사의 호감을 얻어내는 재주가 있었다.

하비는 또한 지휘관으로서 멋진 모습을 보이기 위해 무척 애썼다. 하지만 아랫사람에게 명령을 내릴 때면 자주 말을 더듬었고, 부하에게 연설문을 대신 써달라고 부탁하기도 했다. 그러곤 그것을 뻣뻣한 자세로 읽었다. 그 모습이 너무 어색해서 몇몇 부하는 긴장하면서도 웃음을 참지 못했다. 그러나 어느 누구도 하비에게 직접적으로 의문을 제기하거나 상사에게 그 사실을 알리지 못했다. 하비가 혹시 자신의 경력에 해를 끼치는 보복을 하지 않을까 두려웠기 때문이다. 그리고 여전히 상사와 동료, 부하 등 모든 이가 그를 미화된 전쟁 영웅으로 여기고 있는 것도 사실이었다. 따라서 한국전에서 영웅적인 면모를 설혹 잃었다 해도 상사들은 그 일에 주의를 기울이지 않았다.

1953년 한국을 떠날 무렵 그가 정신적으로 곤란을 겪고 있다는 사실이 자명해졌다. 얼굴 근육을 씰룩대고 오른쪽 눈알을 굴렸으며 말을 심하게 더듬었기 때문에 사람들은 그가 신경 계통의 장애를 앓고 있다는 사실을 인식하게 되었다.

그러나 여전히 그에겐 전쟁 영웅이라는 후광이 따라다녔고, 공군은 하비에게 좋은 처우를 해주려 애썼다. 하지만 하비는 그 뒤에도 군인으로서 이렇다 할 활약을 보여주지 못했다.

시간이 흐르면서 하비를 바라보는 사람들의 시선도 시들해졌다. 제2차 세계대전의 영웅이자 용맹한 시험 조종사로서의 하비의 명성이 바래기 시작한 것이다. 하비에게는 양면이 있었는데 사람들은 둘 중 한 가지 모습만 보곤 했다. 하나는 죽음을 두려워하지 않고 폭격기를 조종하는 잘생기고 카리스마 넘치는 하비였다. 이는 일반 대중이나 하비를 피상적으로 아는 사람들 또는 상사들이 보는 모습이었다. 다른 한 가지 모습은 뽐내기 좋아하고 오만하며 난폭하고 때때로 아내들에게 잔인하게 대하는, 가면 아래 숨겨진 어두운 모습의 하비였다. 하비는 전쟁 영웅의 이미지를 갉아먹는 두려움과 초조함에 대항해 끊임없이 싸우는 것 같았다. 그리고 고질적이며 치욕적인 말더듬을 감추기 위해서 기를 썼다. 동료들은 이런 모습을 눈치 챘지만 상사들은 그렇지 않았다. 아내들 역시 이런 모습을 알고 있었다. 하지만 그에게 매혹된 다른 여자들은 알지 못했다. 몇몇 전문가도 하비의 어두운 면을 발견했지만 그 밖의 사람들은 대부분 전혀 알지 못했다.

여전히 준수한 외모를 자랑하던 하비는 워싱턴에서 어려움 없이 다섯 번째 아내를 맞았다. 조지아나도 부유한 여성이었다. 하비의 평판과 매력, 훌륭한 외모는 이번에도 힘을 발휘했다. 무려 6개 국어를 할 줄 아는 조지아나는 강인한 여성이었다. 둘의 결혼생활은 당연히 풍파의 연속이었다. 전 부인들과 달리 조지아나는 하비가 (여전히) 바람을 피우는 동안 집안에서 속만 태우며 앉아 있지 않았다. 워싱턴에서 근무하던 하비는 새로운 사랑, 즉 일생 간직해온 꿈을 찾을 때가 되었다고 판단했다. '선장이 되자! 게다가 은퇴한 뒤의 삶을 준비할 때도 되지 않았는가?' 1954년, 하비는 아내와 함께 토바트로스라는 이름의 작고 낡은 배를 구입했다.

그러나 1년도 채 안 되어 토바트로스는 제1차 세계대전에 투입되었던 전투함과 충돌해 침몰하고 말았다. 당시 전투함은 매우 노후한 상태였다. 하비는 사고 책임이 배 관리에 소홀한 주 정부에 있다고 주장하며 길고 논쟁적인 재판 과정을 거쳐 배상금으로 18만 달러(한화 약 2억 원)를 받아냈다. 토바트로스가 들어놓은 보험금도 물론 탔다.

이 사건은 별다른 의구심을 불러일으키지 않고 마무리되는 듯했다. 하지만 충돌 당시 하비와 함께 배에 타고 있던 지인이 다음과 같이 진술했다.

“전투함을 피할 수 있었음에도 하비가 의도적으로 들이받은 것 같았습니다.”

당시 조사를 맡은 사람 중 한 명이 바로 머독이었다. 머독은 하비가 일부러 전투함과 충돌했다고 확신했으나 법원의 판결은 달랐다.

배를 잃었을 무렵, 하비는 다시 플로리다 기지로 발령받았다. 하비는 상부에 로비를 해 시험 조종사로 일하게 되었다. 하비는 책상머리에 붙어 있는 것을 좋아하지 않았고, 다시금 예전의 기개를 찾을 준비가 된 것 같았다.

그러나 1957년 1월, 최신 전투기를 몰던 중 또다시 엔진 고장이 일어났다. 전투기에서 탈출한 그는 낙하산을 폈지만 착륙 과정에서 어깨에 심한 부상을 입고 말았다. 회복 과정에서 그는 분해서 어쩔 줄 몰라 했고 얼굴과 몸 전체의 근육 떨림 현상과 말더듬이 다시 심하게 나타났다.

하비와 조지아나는 재판에서 받은 배상금을 가지고 플로리다에서 다시 작은 배를 한 척 샀다. 건강을 회복하는 동안 둘은 배를 타고 주변을 항해했다. 바다로 나가 항해하면서 하비의 건강 상태는 많이 좋아졌고 스트레스와 초조함도 완화되었다. 근육 떨림 현상과 말더듬 또한 호전되었다.

하비는 예전의 명성에 걸맞은 모습을 되찾으면서 캘리포니아에 위치한 공군 기지로 발령받았다. 그곳은 최신 첨단 폭격기를 시험하는 기지였다. 하지만 하비는 조종 임무를 맡지 못했다. 하비는 조종사들이 가장 선망하는 곳에 와 있었지만, 상사들은 그가 전투기를 조종하거나 전투기 조종사를 지휘하는 일을 하기에는 적합하지 않다고 여겼다. 그 대신 전도유망한 젊은 조종사들에게 뛰어난 전쟁 영웅의 모범인 하비를 보여주고자 했다. 이미 반쯤 은퇴한 상태였지만 말이다.

하비는 더는 풀타임 조종사로 일하지 않았지만 때때로 전투기를 몰았고 그 덕분에 비행 자격증을 계속 유지할 수 있었다. 그리고 최소한의 시간을 비행하고도 조종사 월급과 보너스까지 챙겼다.

1958년 초, 하비는 젊은 조종사와 함께 비행에 나섰다. 전투기는 아주 믿을 만하고 안전한 기종이었다. 그러나 엔진이 또 말썽을 일으켰고 둘은 전투기에서 탈출해야 했다. 전투기는 아주 안전하다고 평가되었기 때문에 낙하산조차 갖추지 않은 상태였다. 하비는 엔진을 살려 전투기를 조종해보려 애썼다.

그러나 전투기는 대단히 위험한 지경으로 땅에 낮게 접근해갔고 하비는 부조종사에게 비상용 낙하산이라도 타고 탈출하라고 명령했다. 부조종사는 무사히 탈출했지만 뒤이어 전투기에서 내린 하비는 또다시 심한 부상을 입었다. 땅에 내릴 때 농기구에 부딪힌 것이다. 하비는 군용 앰뷸런스에 누워 엄청난 고통 속에 신경질적으로 울부짖었다.

사실 이런 반응은 하비와 같은 전쟁 영웅에게는 정말이지 어울리지 않는 것이었다. 그는 자신의 삶이 너무 위험천만하고 가혹하다며 분노에 차서 소리를 질러댔다.

"난 조종사에게 일어날 수 있는 안 좋은 일을 모두 겪었어. 죽음을 제외하곤 다 겪었다고. 이제 정말 넌덜머리가 나!"

병원에서 그는 심한 불안장애 진단을 받고 진정제를 처방받았다. 얼굴의 경련은 온몸으로 퍼져나갔다. 입원해 있는 동안 하비는 마침내 몇몇 동료에게 다음 사실을 인정했다.

"한국전에 참전했던 1952년부터 중압감을 이기지 못하고 무너지기 시작했다네."

1952년은 일부 동료들이 하비가 정신적으로 건강하지 못하다는 징후를 발견한 시기이기도 하다. 그리고 이 무렵 하비는 위험한 전투에 나가는 것을 피했다.

1958년 3월, 그는 소령 계급의 연금을 받고 공군병원에서 퇴원했다. 왜냐하면 임시로 중령 계급을 단 뒤 정식 중령이 되지는 못했기 때문이다. 결국 소령 연봉의 반 정도만 연금으로 타게 되었다. 하비는 격분해 그 안을 받아들이지 않고 상부에 강하게 항의했다. 그래서 그는 정식 중령이 아니었음에도 중령 연봉의 60퍼센트를 연금으로 타게 되었다.

전쟁 영웅이자 용맹한 조종사, 미남 장교로 포장된 하비는 그렇게 공군을 떠났다. 그러나 그 뒤에도 그 시절의 이미지와 평판을 최대한 이용했다. 그리고 자신의 배로 직접 항해하며 바다에서의 나날을 즐기는 일생일대의 꿈을 이루기로 했다. 그는 아내 조지아나, 아들 랭스와 함께 최대한 많은 시간을 자신의 배 벨리언트 호에서 지냈다. 그러나 결혼생활의 위기는 계속되어 1958년 조지아나는 이혼 소송을 냈다. 이혼 사유는 극심한 정신적 학대였다.

이혼 소송이 지연되는 동안 하비는 벨리언트 호를 타고 쿠바로 향했다. 하지만 뭍을 불과 몇 킬로미터 앞두고 배에 불이 나 침몰했고 지나가던 배가 하비를 구했다. 하비는 불이 그토록 빠르게 번진 이유와 자신이 가까스로 배에서 탈출한 경위를 설명했다. 다시 보험과 관련한 분쟁이 있었고 하비에게 유리한 판결이 났다. 그러나 몇 년이 지난 뒤 친구 하나가 그 사건을 두고 낄낄거리며 말했다.

"하비는 해안경비대에게 아주 그럴듯한 이야기를 꾸며댔죠. 그는 정말이지 이야기를 지어내는 데는 전문가라니까요. 이전에도 자기가 위기 상황에서 어떻게 살아남았는지 남들에게 수도 없이 이야기했으니까 아주 이력이 난 거죠. 하지만 하비는 내게 배에 일부러 불을 지른 거라고 말했어요. 경제적으로 어려워서 보험금이 필요했다나요?"

불이 나기 몇 달 전에도 정박지에 세워놓은 벨리언트 호에 불이 났지만 지나가던 사람이 발견해 불을 껐다. 따라서 하비는 의심을 사기에 충분한 상황이었다.

하비는 이 사건에서 챙긴 보험금으로 좀 더 큰 배인 화이트스완 호를 구입했고 바하마로 운행하는 수익성 좋은 사업을 시작했다. 그러면서 하비는 또다시 쿠바로 향했다. 당시 사람들 사이에서는 그가 피델 카스트로를 상대로 총과 탄약을 밀수한다는 소문이 퍼졌다. 하지만 이에 대한 공식 기록은 남아 있지 않다.

그러는 동안 조지아나는 법정에서 최종 이혼 판결이 떨어지기를 기대하며 동분서주했다.

"하비는 정신적으로 나를 심하게 학대했을 뿐 아니라 어느 날 집에 와서는 '더는 당신을 사랑하지 않소. 당신과 함께 한 배를 타고 항해하고 싶지 않구려. 이혼합시다'라고 선언했지요."

둘은 1958년 6월부터 별거에 들어가 1959년 정식으로 이혼했다. 그리고 그해, 하비는 뚜렷한 이유 없이 화이트스완 호를 판 다음 폴리네시아 호 갑판원으로 얼마 동안 일했다. 그는 캘리포니아에 몇 달 동안 머물면서 항해할 기회를 찾기도 했다. 다시 플로리다로 돌아온 하비는 자신을 둘러싼 소문이 더욱 무성해졌다는 사실을 깨달았다.

당시 보험회사 조사관들이 침몰한 배와 관련한 사기 사건들에 대한 증거를 모으고 있었다. 배 한 척이 침몰하면 보험회사의 손해가 막심하기 때문이었다. 보험회사가 추적하던 사기 사건은 이런 내용이었다. 주인이 배를 누군가에게 빌려주면 그 사람이 우연을 가장해 배를 침몰시키고 주인은 보험금을 챙긴다는 것이다. 어떤 배 주인들은 쿠바 난민들을 태워 오는 사람들과 거래해 추가로 거액을 챙긴다는 소문도 떠돌았다. 즉 부유한 쿠바 사람들을 몇 차례 실어 나른 뒤 해안경비대나 경찰들의 눈에 너무 자주 띄기 전에 배를 침몰시켜버리는 것이다.

이는 남는 게 많았지만 엄연히 사기였다. 계획대로만 한다면 배 가격보다 훨씬 더 많은 돈을 쉽게 챙길 수 있었기 때문이다. 보험사기 조사원 가운데 한 사람은 이런 말을 남겼다.

"어딜 가든 우린 하비라는 이름과 마주쳤다. 그는 의심스러운 인사들과 자주 어울려 다녔다. 돈을 챙기기 위해 침몰시킨 것이 분명한 배의 주인이나 고용인들과 하비는 관련을 맺고 있었다."

이러한 조사 결과와 배 두 척의 수상쩍은 최후 탓에 하비는 그의 아내 덴이나 듀퍼라울트 가족을 만나기 전부터 의심스러운 사람으로 취급되며 은밀하게 조사를 당하는 처지였다.

하비가 정신적으로 문제가 있다는 진단을 받았다는 사실에도 주목할 필요가 있다. 동료들과 하비의 전 부인들은 그가 사이코패스적 기질과 자아도취적 증상을 보였다고 말했다. 그런 성향을 지닌 사람은 하비처럼 타인과 진정한 공감을 할 수 없다. 그러나 사이코패스의 경우, 자아도취적 성향의 사람과 달리 남들이 자신을 어떻게 생각하는지 개의치 않는다. 반면 자아도취에 빠진 사람은 자신이 중요하다는 사실을 남들에게 과장되게 보여주고 싶어한다. 따라서 하비는 사이코패스보다는 자아도취에 빠진 인물에 가깝다는 진단을 받을 것이다. 그러나 그가 둘 중 어느 쪽에 더 가까운지 밝히는 것은 그리 중요하지 않다. 오히려 악명 높은 연쇄살인범 테드 번디를 둘러싸고도 똑같은 논쟁이 있었다는 사실이 더 많은 것을 시사한다. 번디 역시 외모가 대단히 출중했으며 사람들을 무장해제하는 매력을 지녀 여성들을 곧잘 유혹했다.

하비의 생애를 되짚어 보건대 그는 준수하고 매력적인 겉모습 뒤에 수많은 비밀, 즉 초조와 불안, 허약함, 어두운 충동 등을 감추고 있었다. 그리고 자신의 출중한 외모와 영웅적인 평판, 남성적 매력을 무기로 사람들에게서 무엇까지 얻어낼 수 있는지 파악했다. 한 순수한 소녀가 있는 그대로 사실을 이야기할 때까지 하비는 그런 식으로 많은 것을 손에 넣었다. 하지만 소녀는 하비가 갖지 못한 한 가지, 진실성을 지니고 있었다.

진실 앞에서 잘생긴 외양은 힘을 발휘하지 못했고, 하비 역시 그 사실을 알았다. 그래서 블루벨 호의 청문회장을 떠나 모텔 방으로 향했다. 다른 누구보다도 훨씬 더 깊은 고통 속에서 스스로 깨달았기 때문이다. 한때는 멋진 겉모습으로 만든 화려한 내일을 꿈꿀 수 있었지만, 지금은 오직 끝을 알 수 없는 어두움만 남았다는 사실을 알았기 때문이다.

12장

생존, 그 이후

하비 이야기가 모든 것을 손에 넣었던 한 사내가 내면의 어두움을 이기지 못해 나락으로 추락한 것이라면, 테리 이야기는 모든 것을 잃었던 한 소녀가 서서히 삶을 재건해내는 것이다. 하비는 내면보다는 겉으로 드러난 화려한 이미지에 의존했다. 화려한 겉모습이 소용없는 순간이 온다는 사실을 그는 너무 늦게 깨달았다. 하지만 테리는 극한 고난 속에서 본능적으로 그 사실을 깨달았다.

사실 테리 앞에 다가온 과제는 과거의 삶을 회복하는 것이 아니었다. 회복할 건더기도 남아 있지 않았다. 삶은 산산조각 나 깊은 바다 밑에 수장되었다. 망망대해에 버려진 고아로서 테리는 삶을 완전히 다시 시작해야 했다. 혹자는 테리가 병원에서 건강을 완전히 회복한 뒤 다정한 고모 부부가 있는 그린베이로 돌아가서 예전과 같은 삶을 살 수 있으리라 생각했을지 모르지만, 그것은 불가능한 일이었다. 그보다는 새롭고 외로운 투쟁의 서막이 올랐다고 하는 편이 맞다. 테리는 내면의 힘을 발휘해 블루벨 호에서 겪은 말로 다할 수 없는 극심한 공포와 바다 위를 떠돌며 당한 고통을 극복했다. 하지만 내면의 힘은 그 뒤에도 계속해서 시험대에 올랐다.

다섯 명의 무고한 사람이 목숨을 잃고 단 한 사람만이 생명을 건진 일을 두고 '기적'이라고 표현하는 것은 적절하지 않을 수도 있다. 하지만 테리의 생존은 여전히 기적에 가까운 일이 틀림없다. 그녀 자신도 그 사실에서 큰 힘을 얻었다. 처음부터 테리는 자신이 최악의 상황에서 살아남은 데는 이유가 있을 거라 확신했다. 고작 열한 살이었지만 테리는 자신이 겪은 일을 통해 사람들에게 희망과 용기를 주고 싶어했다.

테리의 생존을 두고 기적에 가깝다고 말하는 건 결코 과장이 아니다. 그날 밤, 비명을 듣고 잠에서 깨어난 뒤 병원에서 퇴원하기까지 약 2주 동안, 그녀는 적어도 여덟 번이나 목숨을 잃을 뻔한 상황에서 살아났다.

1. 하비가 승객들을 죽이고 블루벨 호를 버리려고 했을 때.

2. 하비가 엽총을 들고 그녀의 방에 찾아왔을 때. 하지만 그는 무슨 이유에서인지 총을 쏘지 않았다.
3. 하비가 쥐어준 구명정의 끈을 놓쳤을 때. 그녀가 끈을 놓치는 바람에 하비는 바다 속으로 다이빙해 들어가야 했다. 그 순간, 하비는 테리 조를 죽일 수도 있었다.
4. 가장 기적적인 순간은 테리 조가 침몰해가는 블루벨 호에서 탈출한 때다.
5. 테리 조의 몸과 구명환에 기름이 묻어 식인 상어 등이 접근하지 못했다.
6. 밤에 잠든 사이 구명환에서 떨어졌지만 다시 가까스로 구명환 위로 올라탔다.
7. 캡틴테오의 선원이 그녀를 발견했다.
8. 병원에서 의사가 테리 조의 생명을 구했다.

블루벨 호와 바다에서 겪은 공포, 그리고 무시무시한 눈을 한 하비에게서 도망쳐 나온 이야기에는 깊은 역설이 있다. 앞서 겪은 공포가 뒤이어 온 공포를 감정적으로 견딜 만한 것으로 만든 것이다. 요트에서 체험한 끔찍한 사건 때문에 정신적으로 마비된 탓에 그녀는 바다에서 나흘을 견디는 것이 얼마나 무섭고 고통스러운 일인지 잘 깨닫지 못했다.

비슷한 원리로, 테리 조는 나흘 동안 홀로 바다를 떠돌면서 블루벨 호에서 겪은 극심한 공포의 감정을 오히려 잊을 수 있었다. 말하자면 감정적 완충작용을 한 것이다. 눈앞에 닥친 새로운 고난이 너무 컸기 때문에 지난 일을 곱씹을 여유가 없었다. 게다가 다음 사실도 긍정적으로 작용했다.

- 어리고 건강했다.
- 운이 좋았다(상어의 공격을 피했고 캡틴테오 선원의 눈에 띄었다).
- 침착한 성격 덕에 사태에 과잉반응하지 않았고 현실을 있는 그대로 받아들였다. 신경증에 휩싸여 기력을 소모하지도 않았다.
- 결코 죽을 거라 생각하지 않았다. 즉 살아남을 거란 믿음을 버리지 않았다.
- 혼자 노는 데 익숙했기 때문에 외로움이 낯설지 않았다.
- 시간이 흐르면서 자신에게 닥친 평범하지 않은 상황에 익숙해졌고 그것을 받아들였다.
- 혼자 숲에서 놀면서 이미 고립된 상황에서 살아남는 연습을 했다. 따라서 실제 그런 일이 닥쳤을 때 마치 감정적 예방주사라도 맞은 듯 사태에 대처할 수 있었다.

테리는 1961년 11월 30일 그린베이로 돌아왔다. 다시 친구들을 만났고 학교도 다녔다. 마이애미를 떠날 때처럼 그린베이로도 조용히 돌아왔기 때문에 언론의 떠들썩한 관심을 피할 수 있었다. 이제 테리는 고모 도티와 고모부 랄프, 그리고 세 명의 남자 사촌과 살게 되었다. 할머니 제니 듀퍼라울트가 고모 집에 딸린 아파트에서 살았고, 그곳에 테리의 침실을 마련했다.

테리는 먼저 친척들을 만났고 그다음으로 친한 친구들을 만났다. 친구 중 한 명이 새끼 고양이를 선물했다. 지역 신문은 여자친구들과 새끼 고양이와 함께 활짝 웃고 있는 테리의 사진을 실었다. 테리는 언제나 동물들을 사랑하고 돌봤다.

테리가 가장 먼저 한 일은 친척들의 도움을 받아 전 세계에서 온 편지에 답장을 하는 것이었다. 펜팔을 요청하는 편지도 많이 왔는데, 그중 한 통은 프랑스의 장자크라는 소년이 보낸 것이었다. 인형과 동물 봉제 인형, 성경을 비롯한 선물도 수백 개나 왔다. 그 밖에도 힘을 주는 글귀를 담은 편지와 행운을 빌어주는 카드가 도착했다. 그런가 하면 별난 사람들이 보낸 이상한 편지나 물건들도 있었는데, 그런 것들은 고모 부부가 사전에 걸렀다. 테리는 편지 몇 통은 몇 년 가까이 지니면서 되풀이해서 읽었다.

테리는 고모 집에서 사랑을 받으며 안전하게 지냈다. 고모 부부는 그녀의 법적인 보호자였다. 입양된 새로운 가정에 좀 더 잘 적응하기 위해 테리는 친밀한 호칭으로 고모 부부를 부르기로 했다. 고모는 '모Mo', 고모부는 '엉크Unk'라고 불렀는데, 이는 다정하지만 감정적으로는 '엄마Mom' '아빠Dad'와 구별되는 것이었다. 블루벨 호 사건 이후 테리는 특히 할머니와 가까워졌다. 할머니는 테리에게 바느질과 뜨개질, 독서의 진정한 기쁨을 가르쳐주었다. 테리와 할머니는 저녁이면 함께 앉아 조용히 책을 읽곤 했다.

비록 아들과 며느리, 손자손녀 둘을 잃었지만 할머니는 결코 그와 관련한 이야기를 테리 앞에서 꺼내지 않았다. 할머니는 깊은 신심을 지닌 친절한 여인이었고, 언제나 말없이 테리에게 어깨를 내주었다. 또 평생 약한 체력 때문에 고생했으면서도 힘들다는 말 한마디 없이 가족들을 돌봤다. 변함없는 사랑과 비판 없이 있는 그대로 자신을 인정해주는 할머니는 테리의 든든한 버팀목이 되었다. 할머니는 말하자면 테리가 따라야 할 인내의 본보기였다.

그러나 일상생활을 해나가는 건 순조롭지만 않았다. 이미 과거의 기억이라는 짐을 짊어진 테리는 사람들을 만날 때마다 약간 어색함을 느꼈다. 물론 테리는 자신의 감정을 절제할 줄 알았다. 하지만 그녀가 어디에 누구와 있든 그 자리엔 무거운 기운이 감돌았다. 아무도 입 밖으로 내지는 않았지만 누구나 그녀가 겪은 끔찍한 일들을 알았기 때문이다.

그토록 끔찍한 일을 다루는 법을 아는 사람은 아무도 없었으므로 사람들은 암묵적으로 그 이야기를 꺼내지 않기로 합의했다. 누구도 무슨 말을 해야 할지 몰랐다. 고모 부부 역시 좋은 뜻에서, 테리 앞에서는 어느 누구도 그 이야기를 하지 않는 것이 최선이라는 결론을 내렸다. 그 때문에 어떤 인터뷰도 허락하지 않았다. 테리가 그해 그린베이 최고 화제의 인물로 선정되었음에도 말이다. 고모 부부와 할머니는 테리에게 가해질 스트레스를 최소화하기 위해 백방으로 애썼고 평범한 생활을 할 수 있도록 최선을 다했다. 따라서 모든 사람은 '마치 아무 일도 일어나지 않은 것처럼' 살아야 했다. 여기서 '모든 사람'이란 그린베이 지역 주민 전체를 일컫는다 해도 지나친 말이 아니었다.

고모 부부는 테리 친구의 부모들에게도 절대로 그 이야기를 화제에 올리지 말아달라고 부탁했고 부모들은 자녀들에게 똑같은 주의를 주었다. 1962년 테리는 초등학교 6학년으로 학교에 복귀했고, 듀퍼라울트 가족의 가까운 친구이기도 했던 담임교사 역시 같은 태도를 취했다. 그러나 당연히 누구나 테리 이야기를 잘 알고 있었다. 몇 주 동안 지역신문에 기사가 자세히 나갔기 때문이다. 게다가 테리 역시 모든 사람이 자기 이야기를 잘 알고 있다는 사실을 알았다

(사람들도 그녀가 알고 있다는 사실을 알았다). 따라서 사람들은 누구나 알고 있는 심각하고 끔찍한 사건에 대해 '의도적으로' 입을 다물어야 했고 테리와 함께 있을 때면 분위기는 더욱 불편해졌다.

그러나 누구보다 오랫동안 고통스러워한 사람은 테리였다. 그녀는 이러한 어색하고 불편하고 공모된 침묵 속에서 아주 오랜 시간을 버텨야 했다. 무려 19년 동안 말이다. 사건이 일어난 지 19년이 지나서야 그녀는 자신에게 일어난 일과 그 일이 미친 영향에 대해 친척과 친구들, 남편, 심리치료사에게까지 터놓고 이야기했다. 그리고 가족을 잃은 분노심을 공개적으로 표현하는 데는 꼬박 25년이란 세월이 걸렸다.

블루벨 호 참사와 망망대해에서 겪은 극심한 고난 이후에도 그녀는 아주 멀고 먼 길을 외롭게 걸어온 것이다. 테리 자신을 포함한 모두가 그녀를 위해 침묵했지만 그것은 친밀한 관계를 형성하는 데 걸림돌로 작용했다. 너무나 오랜 시간을 테리는 어색함과 불편함을 짊어진 채 사람들을 대해야만 했다.

물론 그녀에게도 친구들이 있었고 그중 몇몇과는 아주 친하게 지냈다. 하지만 한 사람의 가장 내밀한 공포와 개인적 문제를 나누는 결정적인 경험은 놓쳐버리고 말았다. 사춘기 시절, 그러한 경험은 무엇보다 필요한 것이었음에도 말이다. 침묵이 쌓아놓은 벽 너머에 진짜 테리가 서 있었지만 누구도 그 곁에 다가가지 못했다. 테리와 가까워지거나 테리가 사람들과 가까워지는 데는 분명한 한계가 있었다.

과거의 아픈 기억을 지워주기 위해 친척들은 듀퍼라울트 가족이 살았던 집을 팔았다. 그곳은 수없이 많은 기억이 담긴 안락하고 편안한 장소였다. 어머니의 자애롭고 예술적인 손길, 아버지가 수집한 여러 나라의 물건들과 트로피, 오빠가 만든 발명품, 르네의 인형들이 숨 쉬는 곳이었다. 하지만 테리는 다시는 그곳으로 돌아가지 못하고 전혀 새로운 삶을 시작해야만 했다.

그러나 테리는 집에서 딱 한 가지 물건만은 찾아와야 한다고 고집을 부렸다. 과거로부터 그녀가 가져오고 싶어한 물건은 무엇이었을까? 어린 시절의 순수함을 떠올리게 하는 것, 예컨대 바비인형이나 아기 때부터 써온 담요, 동물인형, 가족사진 등이었을까? 테리는 그런 물건들 대신 자신의 강함을 떠올리게 하는 것, 즉 가상의 정글 속을 용감하게 헤쳐 나갈 때 입던 타잔 의상을 골랐다.

테리는 선의로 가득한 사람들이 안식처를 제공하고 보호해준다 해도 자신 앞에 길고도 험한 길이 기다리고 있다는 사실을 알았던 것이다. 테리는 나이는 어렸지만 나이 든 이들보다 오히려 더 현명했다. 고모 부부의 사랑과 보호 그리고 특히 할머니가 극진하게 보살펴주었지만 결국 자신의 길은 혼자서 개척해나가야 한다는 사실을 알 정도로 말이다. 한때 순수하고 안전한 세계에서 상상 속에서만 고난을 겪었던 소녀는 이제 극심한 고통과 공포 이후에 완전히 다른 세계에서 살게 되었다. 순수하고 안전한 세계를 영원히 상실한 채 말이다.

테리가 자신 앞에 펼쳐진 새로운 세계와 직면하기로 한 건 자신이 살아남은 데는 이유가 있을 거라 믿었기 때문이다. 그것은 바로 진실을 밝히는 일이었다. 그리고 블루벨 호 사건 이후 마주한 첫 번째 시험, 즉 해안경비대와의 인터뷰를 그녀는 무사히 통과했다. 진실을 말함으로써 말이다. 당시에는 알지 못했지만 블루벨 호와 바다에서 겪은 고통은 그녀에게 한 가지 선물을 안겨주었다. 어른들도 대부분 갖추지 못한 그것은 바로 진실성이었다. 그녀가 밝힌 단순하고 직접적인 정직성은 남은 삶의 전환점이 되었다. 그녀를 아는 모든 사람은 이 말에 동의할 것이다. 남은 인생 동안 테리는 자신이 그날 밤 있었던 일의 진실을 밝혔다는 사실을 인식할 것이며, 그 사실 자체가 삶을 지탱할 힘을 줄 것이다.

하지만 생존 과정이 남긴 그 모든 외상은 어떻게 치료할 수 있을까? 1961년만 해도 사람들은 외상 후 스트레스 장애에 대해 알지 못했다. 그렇다 하더라도 그녀는 적어도 심리치료사는 만났어야 했다. 하지만 그렇지 못했다. 만약 진단을 받았더라면 심리학자는 테리가 치른 엄청난 감정적 대가를 틀림없이 발견했을 것이다. 그녀는 오늘날 외상 후 스트레스 장애의 대표적인 증상으로 알려진 고통을 겪었다. 살아남은 자의 죄책감이 그것이다.

테리는 어머니와 오빠가 바닥에 쓰러진 걸 보고도 그들을 돌보지 않은 것에 죄책감을 느꼈다. 또 다른 대표적 증상인 악몽과 반복적 회상에 시달리지는 않았지만, 그날 밤 이후 두 가지에 공포를 느끼게 되었다. 피와 깊고 어두운 물에 대한 공포였다. 그녀는 물가에서 노는 것은 좋아했지만 물이 어두운 빛을 띠면 불안감을 깊게 느꼈다. 또한 테리는 피를 무서워했다. 하지만 부상당한 동물을 돌볼 때는 공포심을 굳세게 견뎠다. 사랑은 두려움을 이기는 것일까?

시간이 많이 흐른 뒤 테리는 외상 후 스트레스 장애의 또 다른 대표적 증상 두 가지를 보였다. 1970년대 말과 80년대 초 테리는 낮은 자존감과 우울증을 겪었다. 하지만 테리는 당시의 불행한 결혼생활이 그 원인이라고 여겼다.

테리는 분노와 난폭한 행동 같은 다른 증상은 전혀 보이지 않았다. 사건이 있고 몇 달 뒤 테리는 고모 집에서 비명에 잠을 깼다. 옆 침대에 누워 있던 사촌들이 싸우는 소리였다. 테리는 다시 잠자리에 들어 잠자코 싸우는 소리를 들었다.

블루벨 호 사건이 있은 지 25년째 되던 날, 동료 한 사람이 그녀에게 부모가 이혼한 일을 두고 불평을 늘어놓았다. 테리는 분노가 치밀어 오르는 것을 느끼며, 동료에게 다가가 말했다.

"내겐 이혼할 부모도 안 계시다고요!"

하지만 그쯤에서 테리는 감정을 다스렸다.

테리는 짧은 시간 안에 얼마나 다양한 공포를 경험했던가? 가족 중 두 사람의 죽음을 목격했고, 선장에게 위협을 당했으며, 침몰하는 배 위에서 익사할 뻔했고, 나흘간이나 망망대해를 홀로 떠다녔다. 구조된 뒤에도 아버지와 여동생의 생사를 고민해야 했고 세상에 홀로 남겨진 신세를 걱정해야 했다. 테리는 구조되고 일주일 후쯤에 동생의 사망 소식을 들었다. 아버지의 생존 여부는 몇 년 동안이나 불확실한 상태였다. 하지만 테리는 몇 달, 아니 몇 년 동안 아버지가 어딘가 살아 있을지 모른다는 희망의 끈을 놓지 않았다.

테리가 겪은 만큼의 극심한 고통을 경험한 사람은 극히 드물 것이다. 그녀는 이야기할 상대가 필요했지만 주위엔 아무도 없었다. 1961년, 그린베이 지역에는 아동전문 심리치료사가 단 한 명뿐이었다. 심지어 요즘에도 테리와 같이 여러 가지 충격적인 경험을 한 아동을 전문적으로 다루는 심리치료사는 찾기 힘들다. 테리에게는 가족을 잃은 채 전쟁과 같은 살인 현장에 놓인 아동을 다룰 수 있는 치료사와 언제라도 목숨을 잃을 상황에서 음식과 물도 없이 나흘을 지낸 아동을 다룰 수 있는 치료사가 동시에 필요한 셈이었다.

테리와는 다른 이유지만, 전쟁에서 희생물이 된 아이들은 심리치료를 제대로 받기 힘들다. 그리고 그런 아이들의 삶은 전쟁의 황폐한 기억 때문에 파괴될 수 있다. 테리 역시 제때에 적절한 도움을 받지 못했다. 앞서 말했듯이 당시엔 심리치료에 대한 인식이 부족했고, 충격적 경험으로 상처 입은 아동을 보호해야 한다는 인식도 정립되어 있지 않았기 때문이다. 테리의 경우엔 더욱 심했다. 그녀와 비슷한 선례를 찾기 힘들었기 때문이다.

여러 가지 면에서 테리는 딴 세계에서 온 이방인이나 마찬가지였다. 겉으로는 예전의 테리, 즉 블루벨 호에 오르기 전의 테리처럼 보였지만 실상은 완전히 다른 사람이었다. 사람들은 테리를 어떻게 대해야 할지 도통 알지 못했고, 그저 아무 일도 없었던 것처럼 행동할 수밖에 없었다. 테리 역시 다른 사람들처럼 이렇다 할 표현을 하지 않았다. 게다가 이해할 수 없는 일은, 끔찍한 공포를 겪거나 불치병에 걸린 이의 주위 사람들이 오히려 더 어색해 한다는 것이다. 그건 마치 강간당한 여인을 대할 때 사람들의 태도와 비슷하다. 비록 그녀에겐 아무런 잘못이 없지만 사람들은 그 사실 자체를 불편해 한다. 여러 면에서 테리는 마치 강간당한 여인과 같은 처지였다.

가장 잔인하고 야만적인 방법으로 순수성을 훼손당했기 때문이다.

결국 치료와 회복은 온전히 테리 자신의 몫이었다. 아마도 가장 성숙하고 건강한 상태의 성인일지라도 그녀와 같은 상황이라면 너무나 큰 외로움을 느꼈을 것이다. 회복하기 위한 테리의 여행은 아주 길고 외롭고 고통스러웠다. 비록 빈약하기 짝이 없는 구명환에서는 내려왔지만, 그녀는 여전히 외롭게 표류했다.

고통스러운 경험에 대해 이야기하지는 못했지만 테리는 몇몇 친구와 계속 우정을 나누었다. 가장 친한 친구는 팸이라는 소녀였다. 팸의 옆집에는 그레고르라는 소년이 살았다. 테리에게 팸의 가족은 제2의 가족이나 마찬가지였다. 그들은 놀러갈 때면 테리를 불렀고 늘 따뜻하게 환영했다. 테리와 팸은 여느 사춘기 소녀들처럼 소년들에 대해 이야기하고, 친구들과 놀러 다니고, 파티에 참석하고, 자전거를 타고, 멀리까지 여행을 다녔다. 테리는 팸과 함께라면 웃을 수 있었고 그래서 팸을 사랑했다. 팸은 얼굴이 예쁜 테리에게 소년들을 빼앗길까봐 걱정했다.

테리의 삶에는 분명 완전한 것은 아닐지라도 우정과 사랑이 있었다. 수많은 사람의 마음이 그녀에게로 향했다. 비록 그녀를 어떻게 대해야 할지는 잘 몰랐지만 말이다.

열두 살 때 테리는 과거로부터 탈출하려는 행동을 했다. 그것은 새롭고 긍정적인 내일을 찾는 몸짓이기도 했다. 그녀는 이름을 '테리 조Terry Jo'에서 '테리Tere'로 바꾸기로 했다. 발음은 같지만 철자가 달랐다. 어느 날 갑자기 그녀는 고모와 고모부, 친구들, 그 밖의 모든 사람에게 그 사실을 알렸다. 테리는 그토록 의지가 강한 여성이었다. 그렇게 그녀는 이전과 다른 세상으로 걸어 들어갔다.

이름을 바꾸기로 한 데는 몇 가지 이유가 있었다. 테리는 끔찍한 기억과 깊이 연관되어 있는 이름을 바꿈으로써 그녀의 과거로부터 도망치고 싶었다. 게다가 그 이름은 희생자로서 그녀를 지칭했다. 테리는 그 사실에서 자유롭고 싶었다. 더는 '용감한 소녀 테리 조'로 불리기를 원하지 않았다. 그러나 한 가지 아이러니는 사람들의 태도였다. 사람들은 끊임없이 그녀를 '용감한 소녀 테리 조'라고 불렀지만 정작 그녀 앞에서는 그 일에 관해 입도 뻥긋하지 않았다. 그 이야기를 나누는 것이야말로 테리에게 진정한 용기를 발휘할 기회를 주는 것임에도 말이다. 테리는 이제 그렇게 불리기를 원하지 않았고 그럴 필요도 없었다. 테리는 자신이 용감하다는 사실을 알았다. 마지막으로 이름을 바꾸는 것은 자신이 스스로 결정할 수 있는 일이었다. 이는 영원히 블루벨 호 피해자로서 자신을 정의하는 세상의 시선을 받아들이지 않고 직접 스스로를 규정하려는 첫 번째 시도였다.

이름을 바꾼 뒤, 테리는 갈 곳을 알지는 못했지만 더 나은 삶을 향한 첫발을 내디뎠다. 지도도 안내자도 없었다. 주변 어른들도 이렇다 할 지혜를 갖추지 못했다. 사건이 발생한 뒤 몇 년 동안 그녀는 과거로부터 탈출하면서 동시에 내일을 향해 달려야 했다. 새로운 테리가 어떤 모습일지는 알 수 없었지만 이미 필사의 경기는 시작되었다.

테리는 너무 무거운 짐에 지쳐갔다. 게다가 고모는 그녀를 과보호했다. 그녀는 할머니와 감정적 유대를 맺고 있었지만 세 명의 사촌과는 긴장 관계가 계속되었다. 사촌들은 테리에게 부모의 관심을 빼앗겼다고 느꼈다.

테리는 보험금을 많이 탔다. 블루벨 호의 선주 페그가 면허증도 없는 하비를 선장으로 고용한 일로 고소당했기 때문이다. 그 돈은 테리가 새 삶을 설계하는 데 부족함이 없을 만큼 넉넉했다.

할머니의 전폭적인 지지와 고모 부부의 마지못한 승낙을 받아 테리는 열여섯에 사립학교로 옮겼다. 역시 새 출발을 위해서였다. 부담스러운 과거의 짐을 벗어던진 채 모르는 사람들 사이에서 자유롭게 지내고 싶었다. 비싼 학비는 보험금으로 충당했다. 테리는 일리노이 주 레이크포레스트에 있는 여학생만을 위한 사립학교 페리홀로 전학을 갔다.

하지만 그곳에서도 유명세를 떨쳐내지 못했다. 그녀를 돌봐주던 선배가 알고 보니 그린베이 출신이어서 블루벨 호 사건에 대해 속속들이 알고 있었기 때문이다. 소문은 순식간에 전교로 퍼졌고, 테리는 자신을 둘러싼 어색한 기운을 또다시 느끼게 되었다.

테리는 함께 방을 쓰던 재니스와 친해졌다. 재니스는 겨울방학에 인디애나폴리스에 있는 집으로 테리를 초대했다. 그곳에서 테리는 한 소년을 만나 열병 같은 사랑에 빠졌으나 거절당했고(그녀가 너무 어리다는 이유였다) 그로써 큰 좌절을 맛보았다. 사춘기 소녀였던 테리는 가슴에 큰 상처를 입었고 첫눈에 반한 사랑은 그렇게 막을 내렸다. 테리에게 이 사건은 그저 마음에 드는 남자에게 차인 것 이상의 아픔을 남겼다. 다시금 세상에 오직 혼자 남겨졌다는 감정에 휩싸였기 때문이다. 그 감정의 기복이 너무 커서 테리 자신도 놀랄 정도였다. 사건이 있고 나서 처음으로 테리는 버려졌다는 감정에 완전히 압도당했고 무너져 내렸다. 견디기가 너무 힘들었다. 가슴이 산산조각 났다. 태어나서 가장 많은 눈물을 흘렸고 제대로 생활하거나 움직일 수도 없을 만큼 상처를 받아 만신창이가 되었다.

테리는 상대적으로 안전하고 익숙한 공간인 고모네로 돌아와 (팸과 그레고르를 포함한) 예전 친구들과 시간을 보냈다. 마침내 고모 부부는 테리를 도와줄 심리치료사를 찾았고, 그녀는 몇 차례 그 의사를 만났다. 테리는 의사에게 자신의 감정을 털어놓고 학교 문제를 의논했으며 인간관계에 대한 조언도 들었다. 하지만 블루벨 호 사건에 대해서는 결코 이야기하지 않았다. 의사 역시 그녀를 둘러싼 문제들의 뿌리에는 감히 접근하지 못했다.

그리고 이런 방식은 그녀 삶의 패턴이 되었다. 사랑과 우정, 솔직한 이야기를 나눌 사람을 갈망하고, 찾고, 잃어버리는 삶. 사랑을 잃고 상심하는 일은 사춘기 시절 누구나 겪는 과정이다. 하지만 테리가 입은 상처는 다른 이들보다 훨씬 깊었다. 그녀는 너무나 많은 것을 잃었고, 여전히 (적어도 무의식적으로) 어딘가에 살아 있을지 모르는 아버지를 찾았기 때문이다. 첫사랑 때문에 테리는 철저히 무너져 내렸고, 이는 그녀가 감정적으로 얼마나 취약한 상태에 놓여 있는지 보여주었다. 테리에겐 누군가가 절실히 필요했다. 그녀는 사랑하는 이를 잃으면 깊은 절망에 속수무책으로 빠져들었다.

그린베이로 돌아와 고모와 다시 함께 살면서 테리는 예전에 다니던 학교로 돌아갔다. 그리고 그레고르와 정식으로 사귀었다. 테리는 그에게 특별한 애착을 느꼈다. 몇 해 전 그 역시 아버지를 잃었기 때문이다.

고등학교를 졸업한 테리는 '여행이 최고의 교육'이라는 아버지의 도전정신을 떠올렸다. 그래서 전공으로 스페인어를 택해 해외 연수

프로그램이 있는 위스콘신-스티븐슨포인트 대학교에 진학했다. 열아홉 살의 테리는 1학년 여름방학에 스페인으로 향했다. 그곳에서 여러 곳을 돌아다녔지만 유독 마주르카 섬과 미노르카 섬을 사랑하게 되었다. 배를 타고 두 섬에 자주 놀러가 아름다운 해변과 에메랄드 빛깔의 맑은 물을 보고 또 보았다.

전공에 별 흥미를 느끼지 못한 테리는 2학년 가을학기에 대학을 그만두었다. 하지만 다른 길이 뚜렷이 보이지 않아 적성을 찾기 위해 더 많은 것을 시도해보기로 했다.

테리는 아픈 사람을 치료하는 일을 하고 싶었다. 하지만 피를 무서워했기 때문에 엑스레이 기사가 되기로 마음먹었다. 다음 해 가을 밀워키로 이사한 테리는 성미카엘 병원과 미네소타 대학교가 합동으로 진행하는 프로그램에 등록했다. 하지만 그 일 역시 적성에 맞지 않았고 그레고르에 대한 그리움은 점점 커져갔다. 그래서 짐을 싸 황급히 밀워키를 떠났지만 그레고르는 콜로라도로 스키 여행을 떠난 뒤였다. 정확히 어디로 가야 그를 만날 수 있을지 알 수 없었지만 그레고르에 대한 마음이 너무 절박했던 나머지 테리는 무작정 차를 끌고 스키장을 찾아가 그의 차를 찾기 위해 주차장을 샅샅이 뒤지고 다녔다. 일주일 뒤 테리는 그레고르 찾기를 포기하고 집으로 돌아왔다. 왜 그토록 미친 듯이 남자친구를 찾아 헤맨 걸까?

그 일은 행방불명된 아버지를 찾고 싶은 마음을 상징적으로 보여준다. 동시에 그녀에겐 아버지 자리를 대신할 누군가가 필요했다.

테리와 그레고르는 그린베이에서 재회했지만 곧이어 그레고르에게 징집영장이 날아들었다. 1971년 월남전이 한창이었다. 둘은 징집을 피하기 위해 캐나다로 사랑의 도피를 떠났지만, 국경에서 입국을 거부당했다. 둘은 할 수 없이 돌아왔고 그레고르는 징집되었다. 이 기간에 테리는 그레고르와의 관계를 돌아보게 되었다. 자신이 그레고르와 점점 더 뗄 수 없는 관계가 된 것은 둘 사이의 다른 가능성 때문이 아니라 그레고르가 아버지를 잃었기 때문이라는 사실을 깨달았다.

1971년 여름, 테리는 몇몇 친구와 함께 독립기념일 파티에 참석했다. 그곳에서 친절하고 매력적이며 카리스마 넘치는 젊은이 존 세트라제미스를 만났다. 또다시 테리는 쉽게 강렬한 사랑에 빠져들었다. 둘은 3주 뒤 결혼했다. 테리는 세트라제미스의 네 형제를 아주 좋아했고 그들도 테리를 가족으로 받아들였다. 1974년 6월, 둘 사이에 딸 브룩이 태어났다. 하지만 몇 달 뒤 두 사람은 이혼했다. 세트라제미스는 좋은 남자였지만 한 가정을 책임지는 아버지가 될 준비는 덜 된 상태였고 충실한 남편도 아니었다.

비록 두 사람은 이혼했지만 세트라제미스 형제들은 여전히 테리를 지지하고 반겨주었다. 그래서 테리는 짐을 챙겨 아이를 데리고 세트라제미스 형제들이 함께 살고 있는 집으로 옮겼다. 이제는 스스로 삶을 책임지는 성인이 되었다고 느꼈기 때문에 고모와 할머니에게 돌아갈 수 없었다. 이 시기, 그녀에게는 또 다른 버릇이 생겼다. 어려운 일이 생기면 바다를 찾게 된 것이다.

얼마 안 있어 테리는 또 다른 남자를 만났다. 세트라제미스 형제들의 집에는 스펜서 힐이라는 잘생긴 청년이 함께 살고 있었다. 둘은 순식간에 서로에게 빠져들었다. 1975년, 테리와 힐은 브룩을 데리고 집을 나와 천막을 짓고 살았다. 값비싼 집들이 즐비한 부자 동네 바로 옆에서 둘은 가난하지만 낭만적인 생활을 했다.

그해 힐이 군에 입대했다. 1976년 초, 테리는 다시 임신했다. 그러나 낭만적 연인이었던 힐 역시 굳건한 가정을 꾸려 좋은 아버지가 되는 일에는 영 관심을 보이지 않았다. 테리도 그 사실을 잘 알고 있었지만 둘째마저도 아버지 없는 아이로 만들고 싶지는 않았다. 그것이 얼마나 힘든 일인지 잘 알았기 때문이다. 그래서 1976년 테리는 힐과 결혼했고, 이듬해 딸 블레어가 태어났다. 테리는 좋은 아내이자 엄마가 되겠다고 맹세했다. 노스캐롤라이나 포트브래그로 이사를 간 테리는 또다시 바다 가까이에 살게 되었다.

힐은 계속 군에서 경력을 쌓기 원했고, 테리는 1978년 아들 브라이언을 낳았다. 그해 할머니가 세상을 떠났고 또다시 엄청난 상실감이 테리를 덮쳤다. 다시 그녀는 혼자라고 느꼈다.

1979년, 테리와 힐, 세 아이는 냉전의 최전선인 독일로 향했다. 결혼생활은 불행했고 남편은 점점 더 차가운 태도를 보이며 테리와 거리를 두었다(훗날 힐은 약물중독 증세마저 보였다). 하지만 테리는 아이들을 돌보며 가정을 지키려고 애쓰면서, 좋은 아내이자 엄마가 되려고 노력했다.

독일에 도착한 뒤 군인 가족의 건강 검진을 받기 위한 준비 과정에서 놀라운 일이 일어났다. 그 일은 아주 사소하게 시작되었다. 아이들을 위한 소아과 검진 일정을 조정하면서 테리는 가족 사항과 병력, 예방접종 여부 같은 일반적인 질문들로 가득한 설문지를 채워야 했다. 테리는 '부모가 살아계십니까?'라는 난에 '아니요'라고 표시했다. 소아과의사가 설문지를 보고 물었다. 이런 경우 의사가 던지는 아주 간단하고 일상적인 질문이었다.

"부모님이 어떻게 돌아가셨죠?"

간단하지만 심원한 질문이었다. 테리는 단 한 번도 그런 질문을 받아본 적이 없었다. 테리는 부모가 살해되었고 오빠와 여동생도 그때 함께 잃었다고 짧게 답했다. 어린 시절 테리는 요트 위에서 자신의 세상 전부를 잃었다. 의사는 무척 놀라했다. 테리는 자세한 이야기까지 하지는 않았다. 의사가 곧 동료 정신과 의사를 소개해주겠다고 제안했기 때문이다. 그렇게 사건이 일어난 지 19년이 지나서야 테리는 누군가에게 자기 이야기를 털어놓게 되었다. 아주 느렸지만 그 뒤 많은 것이 달라지기 시작했다.

전에는 한 번도 자기 이야기를 완전히 털어놓은 적이 없었기에 이러한 상황은 전혀 익숙하지 않았다. 하지만 이야기를 털어놓을수록 마음이 점점 더 가벼워졌다. 과거의 어두운 기억을 다시 끄집어낸다는 것이 고통스러웠음에도 말이다. 그 무렵, 〈그린베이 프레스 가제트〉의 기자 한 사람이 그녀를 추적하고 있었다. 오랜 시간이 흘렀음에도 그녀 이야기는 특종으로 손색이 없었다. 모든 사람이 테리와 블루벨 호를 기억했기 때문이다.

과거를 극복하기 위한 테리의 처절한 여행은 긴 시간이 걸릴 터였다. 하지만 이제 그녀는 지금까지와는 다른 길을 택해 스스로 치유했다. 어쩌면 그녀는 더 많은 위기와 맞닥뜨려야 할 것이다. 테리는 아이들을 데리고 독일을 떠나 미국으로 돌아왔다. 하지만 이번에는 그린베이로 돌아가지 않았다. 그녀는 자신을 환영해주는 곳이 어디인지 알았다. 캔자스에는 오랜 친구 팸이 남편, 아이와 함께 살고 있었다. 팸은 테리를 깊이 사랑하는 사람들 중 하나였고 항상 그녀 옆을 지켜줄 것이다.

팸 옆에서 한숨을 돌린 테리는 이혼 서류를 접수했다. 남편과는 연락이 되지 않았다. 당시 약물중독 문제로 입원해 있었기 때문이다.

테리는 다시 짐을 싸들고 고모에게로 돌아갔다. 따뜻하고 익숙한 그곳으로. 이때부터 아이들과 고모 사이에 아주 친밀한 관계가 시작되었다. 그 덕분에 아이들은 몇 년간 좀 더 안전한 환경에서 지낼 수 있었다. 테리는 위스콘신 대학교 그린베이 캠퍼스로 돌아가 학업을 계속했다.

몇 년 뒤 새로운 남자가 그녀 삶에 등장했다. 역시 매력적인 남자였다. 그는 친절했으며 테리의 아이들에게도 관심이 있는 것 같았다. 테리는 그와 결혼했다. 하지만 그는 남을 잘 믿는 테리의 성격과 외로운 처지를 이용한 것뿐이었다. 테리는 심지어 이 남자 이름을 밝히는 것조차 꺼렸다. 인생에서 지우고 싶은 이름이었기 때문이다. 테리는 감추어진 어둠이 자기 삶에 도사리고 있다는 사실을 알았다. 그 어두움은 아이들을 위협할 것이고 테리는 아이들을 데리고 그것으로부터 도망쳐야 했다. 그리고 어떤 어려움이 닥치더라도 홀로 헤쳐 나아가야 했다.

테리는 물론 잘못된 결정도 많이 내렸다. 그런가 하면 꼭 필요한 결정을 내린 적도 있다. 하지만 모든 경우에 그녀는 자기 인생을 걸었다. 그녀는 세 아이를 훌륭하게 키워냈다. 많은 이를 사랑했고 많은 이의 사랑을 받았다. 고모, 팸 그리고 세트라제이스 형제들의 집과 같은 머무를 만한 안전한 장소도 있었다. 비록 남자관계에서 여러 번 실패했지만 우정을 잃은 적은 결코 없었다. 테리는 많은 이에게 감동을 주었다. 블루벨 호 사건과 무관하게 말이다.

블루벨 호 사건 이후 너무나 많은 일을 헤쳐 오면서 목가적인 어린 시절을 영영 잃어버리긴 했지만, 테리는 그 시절 배운 교훈을 결코 잊지 않았다. 부모님과 할머니, 고모 부부는 사랑과 가족, 인생이라는 모험에 대해 들려주었고, 테리는 그것들을 기억했다. 재능이 많고 아름다운 것들을 사랑하던 어머니를 기억했다. 모험을 사랑한 헌신적인 아버지 또한 잊지 않았다. 재주 많던 오빠와 착한 동생도 잊지 않았다. 서로 돕던 이웃에 대한 기억도 간직했다. 그린베이 지역 노동자들의 철저한 직업윤리 또한 잊지 않았다.

처음엔 자신을 돌보기에도 벅찼지만 아이가 생기면서 테리는 항상 아이들을 먼저 챙겼다. 테리의 맏딸 브룩은 이렇게 말했다.

"어머니는 나와 동생들에게 살아남을 수 있는 모든 방법을 가르쳐주셨어요. 어머니의 가르침과 사랑, 그리고 몸소 보여주신 모범적인 모습 덕분에 우린 어떤 상황에서든 살아남을 수 있다는 자신감을 가지고 있습니다."

어떤 고난이 닥치든 테리에겐 지켜야 할 가족이 있었다. 사랑해야 할, 그리고 사랑받아야 할 사람들이 있었다. 오랜 시간 힘겨운 싸움을 해야 했지만 돌아올 집이 있었다. 테리는 좋은 직장을 구했고 열심히 일해 동료들의 존경을 받았다. 그녀는 친절하게 다른 사람을 도왔고 헌신적으로 일했다. 어린 시절을 보낸 그린베이에서 배운 철저한 직업윤리 덕이었다.

그리고 마침내 자기 이야기를 털어놓기 시작했다. 분노와 고통, 자기연민에 빠질 수도 있었지만 테리는 그렇게 하지 않았다. 약물에 빠질 수도 있었지만 그렇게 하지 않았다. 바람 잘 날 없는 인생에 불평을 늘어놓을 수도 있었지만 그 역시 하지 않았다. 그리고 1980년대 중반에는 함께 책을 쓸 공동 저자를 만났다. 자신이 겪은 놀라운 일들을 사람들과 나누기 위해서였다.

:: 에필로그

유산 하나

2009년 10월 5일, 어머니를 자신의 영웅이라 부르는 테리의 막내딸 블레어가 아들을 낳았다. 블레어는 아들에게 외할아버지의 이름을 붙여주었다. 아서 듀퍼라울트는 끝까지 발견되지 않았지만 결코 잊히지 않았다.

유산 둘

1962년 2월 8일, 마이애미 해안조사국 보고서에 기록된 권고 사항

"(……) 물에 뜨는 기구와 구명정, 구명환에 대해 다음 조항을 수정

해 추가한다. 인명 구조에 쓰이는 위와 같은 장비들은 국제 오렌지 색(항해 · 해난 구조에 쓰이는 밝은 오렌지색—옮긴이)으로 칠해야 한다.

위 권고사항은 블루벨 호 사건 이후 해안경비대 보고서 마지막 부분에 첨가되었다. 그리고 적절한 절차에 따라 정식 조항으로 인정되어 지난 수십 년간 지켜져 왔다. 지금 우리가 당연한 것으로 여기는 오렌지색은 조그마한 흰색 구명환 위에 몸을 맡긴 채 누구의 눈에도 쉽게 띄지 못하고 바다 위를 떠돌던 한 용감한 소녀의 유산이다. 그 덕분에 바다 위에서 목숨을 잃을 뻔한 수많은 사람이 구조될 수 있었다.

저자 후기 1

테리 듀퍼라울트 파스벤더

1990년, 나는 위스콘신 주 천연자원과에서 일하고 있었다. 그곳에서 1986년부터 일했고 드페르에 살고 있었다. 우리 과 직원들은 그날 수자원공사에서 나온 사람과 회의를 앞두고 있었다.

한 남자가 걸어왔다. 플란넬 셔츠와 청바지를 입고 멜빵을 멘 남자는 작업용 장화를 신고 있었다. 기름진 검은 머리는 새까맸고 콧수염과 턱수염은 길어서 밥 먹을 때 수프에 흠뻑 젖을 것만 같았다. 그에 대한 나의 첫인상은 이랬다.

'이 느끼한 남자는 뭐야?'

시간이 흘렀고 나는 그 남자를 다시 보거나 떠올리지 않았다. 그러다 수자원공사에 지원했다. 습지와 해안 보호에 관한 일을 하고 싫어서였다. 그때 면접 자리에 나온 사람이 바로 그 '느끼한 남자'였다. 합격했으니 면접을 잘 본 것 같다. 나는 수질관리 전문가로서 선박이 지나가는 수로를 보호하는 일을 하게 되었다. 일의 성격상 사무실에 머물지 않고 돌아다녀야 했다. 나는 이 일을 사랑했고 주말에는 북동지역을 여행했다. 그 덕분에 호수와 강에 대해 많은 지식을 얻게 되었다. 그리고 어렸을 때처럼 다시 야외 활동에 빠져들어 가끔 위험한 지역까지 멀리 여행을 가곤 했다.

그러면서 나의 상사 로널드 파스벤더에 대해 잘 알게 되었다. 동료들은 그를 두려워했다. 단정치 못한 외모와 거친 매너, 퉁명스럽고 화난 듯한 날카로운 목소리 때문이었다. 그는 산사람처럼 보였고 산사람처럼 행동했다.

나중에 알게 된 사실이지만 그는 실제로 산사람이었다(스스로 산사람으로 자처했다). 그는 캠프를 즐기며 냄새나는 옷을 입고 물속에 뛰어들면서 '재밌다'고 말하는 그런 남자였다. 여자들은 파스벤더 앞에서 조심스럽게 굴었다. 하지만 난 그를 겁내본 적이 한 번도 없었다. 오히려 존경했고 일단 그를 알게 된 뒤로는 많은 것을 배웠다. 파스벤더는 부하직원들을 잘 챙겼고 늘 직원들을 우선순위에 두었다. 생긴 것과 달리 자신이 맡은 일에 책임감이 아주 강했다. 그는 사람들을 진심으로 대했고 자신의 모습에 만족했기 때문에 다른 이에게 좋은 인상을 주기 위해 애쓸 필요가 없었다.

이즈음 난 결혼생활에 어려움을 겪고 있었다. 세 번째 남편은 내게 실망감만 안겨주었다. 그는 내가 생각했던 것처럼 친절하고 매력적인 사람이 아니었다. 내게 구애하고 결혼에 이르는 내내 자신이 소아성애환자라는 사실을 철저히 숨겼다. 난 사람들을 잘 믿고 늘 좋은 면만 보려 노력하는 성격이다. 그 때문에 십대인 딸들이 하는 이야기를 듣고도(남편은 딸들에게 접근해 나쁜 의도로 환심을 사려 했다) 정말이지 믿고 싶지 않았다. 남편이 마을에서 아동 성추행으로 고발당했을 때도 마찬가지였다.

다행히 내 딸들을 추행하지는 않았지만 딸들은 점점 부적절하게 치근대는 새아버지에 대해 불만을 털어놓았다. 처음에 난 남편을 변호했다. 딸들의 반응을 누구나 겪는 사춘기의 반항 정도로 여겼다. 하지만 돌아보면 내가 잘못한 일이었다. 난 좀 더 주의를 기울여 아이들을 보호하고 누구보다 아이들의 말을 신뢰했어야 했다. 그런 사실을 무시하고 남편 편을 들자 아이들은 격하게 반항했다. 내가 자신들 편이 아니라고 여겼기 때문이다. 하지만 난 항상 아이들 곁을 지키고 있었다. 태어난 순간부터 아이들은 내 삶의 중심이었다. 아이들을 돌보며 삶의 의미를 찾았고 과거의 고통을 극복해나갈 힘을 얻었다. 세 번째 결혼이 잘못된 선택이었다는 사실을 나는 비로소 인정했다. 이 결혼에는 내일이 보이지 않았다. 나는 결혼과 가정의 가치를 깊이 믿는 사람이었고 삶의 동반자가 필요했다.

이런 나의 고민을 털어놓자 파스벤더는 깊은 이해심을 보여주며 나를 격려했다. 그는 따로 시간을 내어 결혼생활과 일에 관해 조언해주고 도움을 주었다. 그는 사람들이 처한 문제 상황을 잘 해결해주었다.

그러다가 난 수자원 관리전문가로서 다른 곳으로 발령받았다. 직장 덕분에 골치 아픈 결혼생활에서 벗어나 천국 같은 평안함을 맛보았다. 세 번째 결혼을 한 이유는 사람을 너무 쉽게 믿었기 때문이다. 일이 없었다면 그 상황을 견디기 힘들었을 것이다. 일에 파묻힘으로써 온전한 정신을 유지할 수 있었다.

파스벤더와 나는 아주 좋은 친구가 되었다. 우린 서로에게 고민을 털어놓았다. 1995년, 남편은 아동 성추행 죄로 감옥에 있다 출소했고 난 노스캐롤라이나 주로 이사를 가기로 마음먹었다. 첫 번째 남편의 형제들이 그곳에 살고 있었고 그들은 나와 아이들이 안전해질 때까지 함께 머물자고 제안했다.

비록 결혼 자체는 실패했지만 첫 번째 남편의 가족, 특히 남편 형제들과는 이혼한 뒤에도 아주 좋은 관계를 유지했다. 그들은 필요할 때마다 내 곁을 지켜주었다. 첫 번째 남편 역시 나쁜 사람은 아니었다. 항상 우린 너무 어렸고 서로 맞지 않았을 뿐이었다. 그의 가족은 시종 나를 딸처럼 대해주었다. 그들이 보여준 사랑과 애정은 무엇으로도 갚을 수 없다.

아들 브라이언과 맏딸 브룩은 직장을 곧 구했지만, 막내 블레어는 위스콘신을 그리워해 고모할머니 부부와 함께 살기 위해 돌아갔다. 내 생활은 그리 행복하지 않았다. 파스벤더가 무척이나 그리웠기 때문이다. 우린 편지를 주고받았고 매일 전화로 이야기를 나누었다. 그는 내가 있는 곳으로 날아왔고 우린 서로 사랑한다는 사실을 깨달았다.

며칠 뒤 파스벤더는 위스콘신으로 돌아갔다. 나는 노스캐롤라이나에 좀 더 머물면서 깊은 생각에 잠겼다. 그리고 파스벤더와 함께하기로 결심했다. 난 위스콘신으로 돌아가 예전 직장에서 일을 시작했다. 좋아하던 일을 다시 하게 되어 무척 기뻤다. 1995년 추수감사절 이후 파스벤더와 나는 늘 함께했다.

블루벨 호의 진실에 대해 털어놓고 싶었기 때문에 드디어 1999년 아미탈 요법을 받는 데 동의했다. 어린 시절에 진술한 내용의 진실성을 입증하는 일이 내겐 무척 중요했다. 게다가 요법을 받는 중에 당시 밝히지 못한 새로운 사실을 기억해낼 수 있을지도 몰랐다. 심리치료사는 내 안에 발설하지 못한 채 억압된 무언가가 있는지 궁금해 했다. 난 새로운 사실을 발견하는 일이 전혀 두렵지 않았다. 이미 충분히 끔찍한 일들을 경험했기 때문이다. 요법을 실행한 심리치료사는 내가 당시에 진실을 이야기했다는 사실을 확인했다. 그 사실은 내게 한 차원 높은 평화를 안겨주었다. 한결 치유된 듯한 느낌이 들었다.

2001년, 파스벤더와 나는 직장을 그만두고 미시간 호 근처의 작은 마을로 이사했고 집을 사서 은퇴 이후 삶을 꾸려나갔다.

난 물 가까이 살게 되어 무척 만족했고 시간 나는 대로 해변을 거닐었다. 그럴 때면 기분이 좋았지만 때로는 감상에 빠지기도 했다. 바다 위를 떠돌던 기억과 가족과 함께하던 시간이 떠올랐기 때문이다. 바닷가를 거닐면 가족과 더 가까이 있는 기분이 들었다. 그 기분은 나를 부드럽게 위로해주었다. 말하자면 달콤한 슬픔 같은 것이었다. 바닷가에서 나는 애완견 엔젤과 함께 자유를 만끽하며 상념에 잠겼다.

가족은 내게 늘 중요한 존재였다. 고모 부부는 내 아이들을 길러주셨다. 1997년, 고모부가 돌아가셨지만 고모부는 아이들 가슴에 항상 '할아버지'로 남아 있다. 고모부의 죽음은 우리 모두에게 큰 상실감을 안겨주었다. 1999년, 막내 딸 블레어의 결혼식에 고모부가 참석하지 못한 일은 두고두고 슬픈 기억으로 남아 있다. 그 대신 우리는 사워 제이크를 맞았다.

아들 브라이언과 며느리 로비는 내게 첫 번째 손녀를 안겨주었다. 앨리슨의 탄생을 보며 난 울음을 터뜨렸다. 손녀라는 존재는 마치 기적 같았다. 아니, 삶이라는 것 자체가 기적이었다. 난 아마도 남보다 더 많이 그 사실에 감사할 것이다. 우린 앨리슨과 많은 시간을 함께했고 그녀는 늘 우리의 자랑이었다.

영화산업에 종사하는 맏딸 브룩은 최근 텍사스에서 시카고로 이사 갔다. 브룩은 대도시를 사랑한다. 다행히 텍사스에 있을 때보다 우린 브룩을 더 자주 볼 수 있다.

2005년, 첫 번째 손자 웰시가 태어났다. 앨리슨은 동생을 사랑했지만 둘은 늘 싸웠다. 안타깝게도 우린 앨리슨만큼 웰시와 많은 시간을 보내지는 못했다.

항상 내 곁을 지켜준 고모는 2008년 세상을 떠나셨다. 고모는 6개월간 무척 아프셨고 상태는 점점 악화되었다. 병원에 있는 동안 난 되도록 오랜 시간 고모 곁에 머물렀다. 고통받는 고모 모습을 보는 것은 너무나 괴로운 일이었다. 세상을 떠난 뒤 특히 아이들이 고모할머니를 무척 그리워했다. 고모는 나를 무척 사랑했고 블루벨 호 사건 이후 나를 보호하기 위해 늘 최선을 다하셨다. 비록 그 비극적 사건을 정면으로 다루지는 못하게 했지만 내게 늘 안전한 집을 제공해주셨다. 이미 세 명의 자식을 둔 상태에서 나를 맡는다는 건 쉬운 일이 아니었을 것이다. 세월이 흐를수록 난 고모를 생각하며 더 많은 고마움을 느낀다.

블레어와 제이크는 2009년 10월 5일, 내게 두 번째 손자 아서를 안겨주었다. 아서는 명랑하기 짝이 없는 아이이다.

그렇다. 아주 오랜 싸움 끝에 난 드디어 행복을 찾았다. 받은 복을 헤아리며 가족과 친구들과 함께 누리는 사랑과 건강에 늘 감사한다.

2009년에는 오랜 친구들과 다시 연락이 닿았다. 페리홀 고등학교에서 나와 방을 함께 썼던 재니스가 2009년 4월 연락을 해왔다. 재니스는 변치 않는 우정으로 내 인생을 아름답게 해준 친구다. 그녀는 건강이 좋지 않았다. 난 그녀가 사는 인디애나로 차를 몰았다. 오래된 친구를 다시 만나는 건 참으로 멋진 일이었다. 그러나 아픈 그녀를 바라보는 일은 너무 가슴 아픈 일이었다. 동시에 내 건강에 감사하는 마음도 들었다. 우린 참으로 많은 이야기를 나누었다. 7월 4일 재니스의 남편이 전화를 걸어와 재니스가 세상을 떠났다는 사실을 알려주었다. 충격을 받아 멍해진 나는 그가 장난을 치는 거라고 믿고 싶었다.

그녀가 그립다. 하지만 재니스는 더 좋은 곳에서 고통 없이 지낼 것이다. 이렇듯 인생에서 상실은 늘 축복과 연관되는 것 같다.

6월에 또 다른 친구가 가장 친한 친구인 팸이 동생을 만나러 그린베이를 방문했다는 연락을 해왔다. 팸은 언제나 이유를 묻지 않고 나를 반겨준 고마운 친구다. 난 그녀를 만나러 갔다. 아주 오랜만이었다. 우린 어린 시절의 실수들을 회상하며 즐거운 시간을 보냈다. 보너스로 팸의 아버지 잭도 만났다. 블루벨 호 사건이 있은 뒤, 팸의 부모는 내게 언제든 와서 쉴 수 있는 제2의 집을 마련해주었다. 난 그 집에서 정말이지 많은 시간을 보냈다. 팸과 잭 아저씨를 다시 보다니! 정말 기뻤다. 한때 내 삶의 큰 부분을 차지했던 이들을 다시 만나는 건 내게 큰 행복감을 안겨주었다.

오랜 친구인 리처드 로건 박사와는 오랫동안 소식이 끊겼다. 마지막으로 보았을 때 그는 건강이 별로 좋지 않았다. 그 뒤 어디서도 그의 소식을 들을 수 없어서 난 그가 아주 멀리 이사 갔다고 생각했다. 알고 보니 그는 손자들이 살고 있는 미니애폴리스로 이사를 가 그곳에서 치료를 받고 있었다. 10월에 연락이 닿았고, 그가 아직 건강하게 살아 있다는 사실에 무척 흥분했다. 그 덕분에 우린 다시 우정을 나누며 이 책 작업도 함께 마무리했다.

로건 박사는 힘든 순간마다 내게 큰 도움을 주었고, 그 비극적 사건에서 벗어나는 데 결정적인 역할을 해주었다. 오랜 시간 나를 짓

누르던 어두운 그림자는 이제 더는 존재하지 않는다.

가장 최근에 다시 만난 친구는 파리에 사는 펜팔 친구 장자크다. 사건 직후 그는 내게 편지를 보내왔고 그 뒤 친구가 되어 오랜 시간 우정을 나누었다. 장자크는 심지어 1968년에 나를 만나러 미국에 오기도 했다. 그는 여름 내내 고모 댁에 머물렀다. 아마도 그는 내게 우정 이상의 감정을 품었던 것 같다.

나는 페이스북을 통해 그를 다시 찾았다. 예전 모습 그대로였지만 머리만은 하얗게 세어 있었다. 돌아보면 정말 많은 사람이 내 삶을 찾아와 사랑을 주었다. 그들의 사랑이 없었다면 난 이 자리에 있지 못했을 것이다.

이 책을 읽는 독자에게 하고 싶은 말은 이것이다. 절대 포기하지 마라. 항상 희망을 간직하라. 삶의 밝은 면을 보라. 긍정적이고 믿을 만한 사람이 돼라. 그리고 흐름에 몸을 맡겨라. 열정을 갖고 도움이 필요한 사람에게 손을 내밀어라. 따뜻하고 친절한 사람이 돼라. 난 베푼 대로 보상을 받는다는 말을 믿는다.

저자 후기 2

리처드 로건 박사

이 책을 쓰기 위해 나는 다양한 경로로 정보를 얻었다.

1. **'블루벨 호 사건'을 다룬 수많은 신문과 잡지 기사** 기사들은 대부분 사건이 일어난 직후 보도된 것들인데, 그것들을 토대로 15~20년에 걸쳐 이 사건을 연구하고 조사했다. 최근 들어서는 인터넷을 적극적으로 이용했다. 특히 구글과 각종 기록 관련 사이트를 즐겨 찾았다. 위스콘신 주 그린베이 지역에 위치한 브라운카운티 도서관에서도 자료를 모았다. 그 도서관은 아주 많은 양의 기사 자료를 보유하고 있었는데, 블루벨 호 사건이 이 지역과 인접해 있는 곳에서 발생했기 때문이다. 1922년에 마이애미데이드 도서관에서도 같은 이

유로 몇 가지 유용한 정보를 얻었다. 그러나 〈그린베이 프레스가제트〉 소속 베테랑 기자 마이크 블레카가 작성한 기사 말고는 그중 어떤 자료도 생존자 테리와 집중적으로 인터뷰하거나 가해자 하비의 과거를 심도 있게 파고들지 못했다. 그 대신 사건 당사자 외 인물들의 목격담이나 증언, 가해자 주변 인물이나 담당 경찰관 인터뷰에 의존했다.

2. 블루벨 호 사건에 대한 해안경비대의 조사와 증언, 인터뷰를 기록한 문건

1992년, 마이애미에서 이 사건에 관한 해안경비대의 보고서와 증언 그리고 수사 기록 전체를 읽었다. 사건 요약서의 복사본도 받았다.

3. 마이애미에서 〈AP통신〉 기자로 뛰어나게 활동했지만 지금은 작고한 벤 펑크가 작성한 집중적인 연구와 인터뷰 기록 벤 펑크는 하비의 과거와 사람들과의 관계, 군대 경력을 심도 있게 파헤치고 하비의 전 부인을 포함한 주변 인물들을 찾으려 애쓴 유일한 기자다. 펑크의 연구는 대부분 1961년 말에서 1962년 초에 이루어졌다. 다른 몇몇 기자와 함께 펑크는 블루벨 호 사건의 여러 목격자와 승객 그리고 사건을 전후해 하비와 교류한 사람들을 인터뷰했다. 펑크는 1982년 세상을 떠났다. 그리고 나는 운 좋게도 펑크의 가까운 친구이자 〈마이애미 헤럴드〉의 기자이자 퓰리처상 수상 작가인 진 밀러를 통해 펑크의 파일을 받을 수 있었다. 지금은 작고한 밀러 역시 내게 몇몇 정보를

주었다. 그는 블루벨 호 사건을 면밀히 뒤쫓았다. 특히 신문의 연재물인 "그들은 지금 어디서 무엇을 하며 지낼까?"에서 블루벨 호 사건을 다루었는데, 이는 그가 남긴 최고 업적으로 기억된다. 밀러는 글을 쓰는 데 매우 능숙하고 감각이 뛰어난 기자이자 신사였다. 그는 어린 테리의 이야기에 깊이 감동해 그녀를 친절하게 대하고 배려하면서 서로 마음을 나누는 친구가 되었다.

4. 블루벨 호의 유일한 생존자 테리와 몇 년에 걸친 정기적 · 집중적 인터뷰에서 얻은 정보 테리 역시 1980년대부터 이곳저곳에 직접 쓰기 시작한 자기 이야기를 복사해 내게 주었다. 또 사건 이후 쏟아져 나온 수많은 기사를 모아두고 있다가 그 자료들을 내게 제공했다.

5. 당시 그린베이에서 활동하던 명망 있는 심리치료사 에드워드 오만 박사가 테리를 인터뷰한 내용 오만 박사는 테리를 인터뷰하면서 아미탈이라는 약을 사용했는데, 그 약은 특히 억눌려 있는 대단히 충격적인 과거 사건을 떠올리는 일을 돕는다.

6. 당시 날씨 정보 1961년 11월, 바하마의 바람과 조류를 기록한 전국해양대기협회의 조사 자료와 마이애미에 있는 미국 해양구조대가 가지고 있던 당시의 날씨 정보를 참고했다.

7. 탈수와 며칠 동안 계속된 체온 저하의 지속적인 영향에 대한 여러 의사와 심리학자들과의 토론 특히 친구이자 동료로 지금은 작고한 조셉 마니

노 박사에게 공을 돌린다. 그는 위스콘신 대학교 그린베이 캠퍼스의 인간생물학 프로그램 소속 심리학자로 인간심리학 분야에서 명성을 자랑했다.

7. **1992년 마이애미 경찰 소속 직원들과 나눈 대화** 특히 기록실 직원들에게 감사한다. 안타깝게도 그들의 이름은 남아 있지 않다.

8. **은퇴한 해안경비대장 로버트 바버와 어니스트 머독과 한 인터뷰** 그들은 블루벨 호 사건의 주요 조사관들이었다. 나는 1992년 마이애미에서 바버를, 1999년 샌프란시스코에서 머독을 인터뷰했다. 머독은 은퇴한 뒤 지금까지도 활발히 자원봉사를 하고 있다.

참고문헌

이 책에 나오는 정보는 다양한 곳에서 모았다. 그 가운데 일부는 몇 년 동안 잊히고 버려진 것들이었다. 저자는 그런 정보를 꾸준히 모았고, 결국 한 권의 책으로 결실을 맺었다. 다음은 저자가 참고한 주요 출처를 정리한 것이다.

테리 듀퍼라울트 파스벤더와의 심도 깊은 인터뷰.

제임스 부캐넌, "줄리앙 하비 선장의 죽음을 둘러싼 다섯 개의 수수께끼", *Argosy*, 1962. 3.

로버트 바버, *Miami Herald Sunday*, 마이애미, 플로리다, 1971. 11. 28.

루스 레이놀드, *Reading Eagle*, 리딩, 펜실베이니아, 1963. 6. 23.

마이클 블레카, *Green Bay Press-Gazette*, 그린베이, 위스콘신, 1994, 1999.

Life, "블루벨 호의 비밀", 1961. 12. 1.

Time, "바다: 블루벨 호의 마지막 항해", 1961. 12. 1.

브로워드카운티 도서관, 포트러더데일, 플로리다.

브로워드카운티 도서관, 지역 역사 섹션, 그린베이, 위스콘신.

커프린 도서관 참고서적 분과, 위스콘신대학교 그린베이 캠퍼스, 그린베이, 위스콘신.

알라쿠아카운티 법원 기록, 플로리다, 1945.

데이드카운티 법원 기록, 플로리다, 1958, 1959.

힐스보로카운티 법원 기록, 플로리다, 1943.

데이드카운티, 프롤리다 경찰국.

캐나다 디스커버리 채널, 테리 듀퍼라울트 다큐멘터리, 2005.

포트 러더데일 경찰국, 포트 러더데일, 플로리다.

Green Bay Press-Gazette 기사와 사진, 그린베이, 위스콘신.

해안경비대 어니스트 머독 인터뷰, 1999.

해안경비대장 로버트 바버 인터뷰, 1992.

테리 듀퍼라울트 파스벤더가 보관하고 있던 잡지들.

마이애미 데이드 공공도서관.

마이애미 경찰국.

NASA 자료.

전미 해양 및 대기관리국 날씨 기록, 1961. 11.

Associated Press 기자 벤 펑크의 연구와 인터뷰, 마이애미.

Miami Herald 기자 진 밀러의 연구와 인터뷰.

블루벨 호 사건 관련 미 해안경비대의 조사와 증언, 인터뷰를 기록한 원고, 기타 기록.

블루벨 호 사건에 관한 미 해안경비대의 요약 보고서.

미국 공군.

날씨 기록, 미 해안경비대 관리국, 제7 구역, 마이애미.

'329th Bomb Group' 웹사이트, 미 제8 공군.

유튜브, 줄리앙 하비가 B-24를 몰고 불시착하는 모습을 담은 영상.

KI신서 3619

96시간

1판 1쇄 인쇄 2011년 10월 24일
1판 1쇄 발행 2011년 11월 1일

지은이 테리 듀퍼라울트 파스벤더 · 리처드 로건 **옮긴이** 한세정
펴낸이 김영곤 **펴낸곳** (주)북이십일 21세기북스
출판콘텐츠사업부문장 정성진 **출판개발본부장** 김성수 **외서개발팀장** 심지혜
책임편집 이주희 **표지디자인** 박진범 **본문디자인** 김성엽
마케팅영업본부장 최창규 **마케팅** 김현섭 김현유 강서영 **영업** 이경희 박민형 정병철
출판등록 2000년 5월 6일 제10-1965호
주소 (우 413-756) 경기도 파주시 문발동 파주출판단지 518-3
대표전화 031-955-2100 **팩스** 031-955-2151 **이메일** book21@book21.co.kr
홈페이지 www.book21.com **블로그** b.book21.com **트위터** @book21

ISBN 978-89-509-3375-3 03840
책값은 뒤표지에 있습니다.